9条「加憲」案への対抗軸を探る

伊勢崎賢治
伊藤　真
松竹伸幸
山尾志桜里

かもがわ出版

はじめに

「憲法第9条の1項も2項もそのまま維持しつつ、何らかのかたちで自衛隊の根拠規定を9条のなかに置く」――。政治の焦点となってきた憲法の改正に関して、2017年5月3日に安倍首相が提案したものである。いわゆる加憲案と呼ばれるものだ。

この加憲案に対して、いろいろな議論が巻き起こっている。当然であろう。何よりも国民投票にかかるかもしれないという現実味がある。

与党が改憲発議に必要な衆参両院の3分の2の議席を持っているのは歴史的に見てなかったことであるし、これからもそうそうはないとすれば、改憲をめざす人びとにとってはほとんどラストチャンスのようなものだ。だからこれを現実のものとする執念がすごい。しかも、加憲という考え方は、政権与党である公明党がずっと提唱してきたものだから、自民党にとってみれば、「この案には反対しないよね」という圧力にもなる。

さらに現実味を感じさせるのは、国民世論との関係である。戦力を持たないという規定が現実に即してどうなのかという疑問は多くの国民が共有するところだろうが、9条に対する日本国民の愛着は根強いものがある。同時に、自衛隊に対する肯定的なイメージも国民多数が共有するところになっている。つまり、加憲案というのは、9条も自衛隊も肯定する国民世論に合致しているように見えるのだ。「自衛隊を明記するな」という護憲派の声は、難しい法律論をいくら展開して説明しても、多くの国民にとっては、自分がリスペクトする自衛隊を否定する声のように聞こえてしまう。

そういう複雑な現実の反映からだろうが、加憲案に批判的な人びとのなかでも、ではどう対抗するかではさまざまな立場が乱立している。本書ではそのなかから、新9条論を提唱する伊勢崎賢治氏、九条の会の世話人を務める伊藤真氏、改憲的護憲論を主張する松竹伸幸氏、立憲的改憲論に立つ山尾志桜里氏に、それぞれ加憲案に対するみずからの対抗軸を寄稿していただいた（第Ⅰ部）。さらに、その対抗軸を持ち寄って公開討論会を開催し、議論の内容も紹介するようにした（第Ⅱ部）。討論をふまえ、今後の課題についても言及してもらっている（第Ⅲ部）。

憲法9条と自衛隊をめぐる国民世論の複雑さからして、どういうものであれ加憲反対論がモノトーンになってしまっては、汲み尽くせないものが残る。豊かな対抗軸が提示され、しかもそれらが緩やかであっても協力関係を保てるならば、国会では改憲派が3分の2を超えて有利であっても、それを覆すだけの世論状況を展望できるかもしれない。

本書はそういう問題意識で編まれている。本書を契機にさらに豊かな議論が沸き起こることを期待したい。

2018年6月　かもがわ出版編集部

もくじ●9条「加憲」案への対抗軸を探る

第Ⅰ部

私の対抗軸

「戦力」による人道法違反を裁く法体系を

伊勢崎　賢治

§もしも「加憲」が実現したら？

安倍加憲。

安倍政権の「９条をそのままに自衛隊を明記」は、最終的にその追加の条文がどういうものになるか分からない。でも「自衛隊」そのものの単語が条文に現れることになったら、かなり見た目がマズいことになると思う。英訳のお話であるが。

９条は日本人が思うほどに世界に知られているわけではない。国家戦略として９条を広報してきたわけではないので当たり前といえば当たり前だ。しかし、戦後初めて憲法が変わるとなったら、それなりのニュースバリューをもって世界に報道されると思う。日本政府は当然、改正された憲法条文の公式な英訳をつくらなければならなくなるだろう。

現状の9条2項で保持を禁ずる「戦力」の日本政府の公式英訳は、GHQ以来ずっとforcesである。そして、自衛隊の〝隊〟もforcesである。現在の9条をそのまま残すとしたら、2項で陸、海、空のforcesを持たないと言っているのに、追加項で自衛隊self-defense forcesを持つと言うことになる。

現在、国連憲章では、PKOのような国連安保理が承認する集団安全保障は例外として、二つの自衛権self-defense（個別的自衛権individual self-defenseと集団的自衛権collective self-defense）以外の名目の武力行使は厳しく違法化されているから、自衛self-defense以外の「戦力」forcesの行使は許されない。

よって、「戦力」（＝国連憲章でself-defenseのためだけしか存在を許されていない）のforcesと、自衛隊のself-defense forcesは、見た目はおろか、国際法の世界では全く同じものなのである。

だから、安倍加憲は、改悪なんて「まとも」なものではなく、とうの昔から自衛隊を「戦力」と見なす国際法と、「隊」に言い換え、「戦力」じゃないモンと自分だけに言いきかせてきた〝軍事大国〟日本とのジレンマを、そんなことに注意をはらうほどヒマじゃない国際社会に、日本自身が大々的に宣伝しまくること。ただこれだけ。

日本語の世界だけで言葉を弄ぶ遊びでは、もう済まなくなる。

§日本国内でしか通用しない解釈

「自衛隊は『戦力』未満、個別的自衛権に基づく武力行使は『交戦権』未満」と解釈し、憲法9条を維持してきた日本。

ちなみに、「戦力」の行使から非人道性を排除するために人類が歴史的に積み上げてきたWar（戦争）の慣習法、つまり「戦闘」で「やっちゃいけないこと（多数の民間人を殺傷したり、捕虜を虐待したり、病院や原発を攻撃したり）」や「使っちゃいけない武器（現在でも対人地雷やクラスター爆弾の禁止などたゆまない努力が続いている）」をルールとして交戦資格者に課す戦時国際法、別名国際人道法は、自衛隊を交戦資格のある「戦力」として見なす。

同時に、自衛隊はこれまでずっと同法の交戦資格のある「戦力」としての識別義務（敵からそう分かるように）を忠実に履行してきた（ＰＫＯの自衛隊を見ていただきたい。作業着で赴いていない）。

ＰＫＯでも、そしてイラク、サマワへの陸自派遣のような非ＰＫＯでも、日米地位協定の米軍が公務上の過失に関して日本の司法から訴追免除されるように、「戦力」を行使する駐留〝軍〟と「一体化」して、現地政府との兵力地位協定により、同様の裁判権上の特権を享受してきた。

さらに、日本人が合憲と考える個別的自衛権は、上記のように、それと集団的自衛権、集団安全保障の三つの言い訳しか許さない国連憲章、つまり現代の「開戦法規」が国家に武力の行使（use of forces）を許す言い訳の一つであり、それが一旦行使されれば自動的に「交戦」、つまり上記の国際人道法、別の言い方をすると「交戦法規」のルールで統制される「戦力」の行使になる。

個別的自衛権は、一旦行使されれば、たとえそれが最初の「ジャブ」であっても、「戦力」の行使として「交戦法規」つまり戦時国際法／国際人道法によって統制される。武力の行使の言い訳を統制する「開戦法規」から、武力の行使の開始後の戦闘の流儀を統制する「交戦法規」へ移る際の、その間隙にグレーエリアはない。それが、必要最小限で警察比例原則に則った反撃だと言い張っても、である。

つまり、上記の「未満」は、国際法の世界ではありえない空間なのだが、日本は勝手にそれがあると、国際社会の注意を引くこともなく、「『交戦』でない『個別的自衛権』の行使」を発明し、「戦力」でない自衛隊を通常戦力で世界第４位の「戦力」にしたのである。

§日本の法体系の重大な欠陥

国際社会の注意を引くこともなく、勝手にやってきた重大な問題がもう一つある。

前記の「交戦法規」、つまり国際人道法の違反をすると、これがいわゆる「戦争犯罪」となる。

考えてもみてほしい。

日本の上空を飛ぶ米軍オスプレイが墜落し多数の日本人が死傷したとしよう。これは日米地位協定上の公務内の事故と判断されるだろうから、その裁判権は日本にはない。裁判権はアメリカにあり、米軍法で審理される。

しかし、もしここでアメリカ側が「あ、ゴメン。軍法なかった」と頭を掻いたら……。

法の空白。

これが、日本が現地政府と締結した兵力地位協定（南スーダン等での国連ＰＫＯ地位協定、現行の日ジブチ地位協定）で、外地の民に強いている状況なのである。それも、日本のような「平時」での地位協定ではなく、ＰＫＯの現場のような「戦時」「準戦時」の地位協定が支配する世界である。

平時でも、軍事的な過失は引き起こされるのだから、戦時においては推して知るべし、である。

（ＰＫＯで国連は、１９９９年以降正式に、ＰＫＯ活動中に発生し、現地国からの訴追を免除されるＰＫＯ部隊の過失は、各ＰＫＯ派遣国の国内法廷で裁くことを義務付けている。：参照→「日本はずっと昔に自衛隊ＰＫＯ派遣の「資格」を失っていた！」http://gendai.ismedia.jp/articles/-/51058）

日本には、国際人道法違反（＝戦争犯罪）を審理する法体系はない。（右掲リンク参照：日本は遅ればせながらジュネーブ諸条約追加議定書に加盟した２００４年に、国内法として「国際人道法の重大な違反行為の処罰に関する法律」をつくったが、肝心の殺傷行為に関するものが一切ない）

世論も、「防衛予算は人殺し予算」と言ってみたり、「自衛隊（軍隊）は人殺し集団」と言ってみたり、軍事と刑事の違いが分かっていない。

「戦力」としての識別義務を負った者どうしが、国際人道法に則って「交戦」することは、「人殺し」に違いないが、それに直接手を下す個人の責を問う刑事とは全く違う世界である。軍事の主体は国家であり、責を負うべきは、個人に命令を下す国家の指揮命令系統である。だから、国際人道法では、捕虜の保護を謳うのである。捕虜が〝殺人〟を犯しても、それは個人の意思ではなく、捕虜が所属する国家の命令行動だからである。

一般刑法では、例えば10人を殺傷したら、ほとんど確実に死刑が宣告されるであろう。でも、軍事行動で民間人をそれだけ殺傷しても、それが指揮命令系統を逸脱することなく結果したものであれば、その個人の刑事性が勘案され、無罪になる可能性がある。これが一般刑法と軍刑法の違いである。

そして、そういう「戦争犯罪」の責は、国家が、国際人道法を基調とする国際社会に対して負うのである。これは、首相は「私が全責任を取る」と嘯《うそぶ》くことではない。それを審理し、結審する法理があるかどうかの問題である。

日本には、この法理がないのである。自衛隊は「戦力」ではないし、「戦闘」することはないし、だから「戦争犯罪」を犯すという前提そのものがないからである。

自衛隊は「戦力」じゃない、つまり「自衛隊は合憲」というのは、日本国内での議論はどうあれ、外から見れば、みずからが犯す国際人道法違反（＝戦争犯罪）を審理する法体系を持たない戦力（それも世界有数の）の保持を合法化、つまり「非人道性」を合法化する無法国家としか見えない。

§護憲派リベラルの皆様へ

護憲派リベラルの方々に申し上げる。

安倍加憲で日本特有の歴史的な憲法問題の本質が露わになる。問題の本質は安倍政権だけのせいではない。

民主党政権が派遣決定した南スーダンから自衛隊は撤退したが、次の候補地探しは始まり、依然、自衛隊のPKO派遣政策は継続している。ジブチにある自衛隊基地は半永久的な軍事基地になりつつある（駆け込みで法制化したのは自民党政権だが、実行したのは民主党政権）。これは、海外派遣しなければいいという話ではない。「戦闘」をする限り、「戦争犯罪」は、日本の領空領海領土内でも起こるのである。

安倍加憲とは、「9条もスキ、自衛隊もスキ」のポピュリズムを単純に解釈改憲から明文改憲するだけでそのポピュリズムに応える幼稚な「お試し改憲」にすぎないが、憲法のこの〝完全破壊〟の危機に、護憲派は深く自省を込めて覚悟すべきである。9条を解釈改憲することにここまで慣れ親しんだ世論とメディアに十分な批判能力はない。そして、護憲派自身も「安倍の悪魔化」にしか反対の発露を見出せない、ということを。

安倍加憲のポピュリズムに対抗するには、まず、護憲派自身が9条ポピュリズムから脱することが必要である。「自衛隊」を9条に併記するか否かとか、「隊」を「軍」にするか否かでもない。そんな「言葉遊び」の土俵に、もう乗ってはいけない。

「戦力」の過失を審理し統制する法体系を持たないことは、国際人道法の観点から「非人道的」なのである。繰り返すが、国際人道法の違反が、いわゆる「戦争犯罪」だからである。そういう法体系は、「戦力」を自覚しない限り、生まれない。

だから、「戦力」であることを自覚しない「戦力」は、「非人道的」なのである。近い将来に「戦力」を解消するから、という理由は通らない。自覚のない「戦力」を外地に出し、兵力地位協定で過失の訴追免除を享受している今、この瞬間の問題なのである。

というか、自衛隊は、もはや政治的に武装解除できない。自衛隊に限らず軍事力そのものの放棄を夢想するのは結構であるが、9条による「非人道性」は、現在の政治リアリティーである。護憲派の方々、ここは、もう、あきらめてほしい。9条2項の改良を、同項そのものをどうするかというより、「非人道性」をどう排除するか、この一点から考えよう。

それは、もはや政治的に武装解除できない自衛隊という軍事組織が、国家の命で行使する自衛権もしくはPKOなどの集団安全保障のための「戦闘」において、国家の義務として当然想定すべき誤射／誤爆に伴う国際人道法違反（＝戦争犯罪）を審理する国内法体系を持つか否か、である。

これは、９条２項というより、特別裁判所の設置を禁じる76条の問題である。

もしかしたら、76条改訂がなくても、軍刑法はあるが軍事裁判所のないドイツの例のように、他の関連国内法の改訂だけで済む道が見いだせるかもしれない。

いずれにしろ、「戦力」が犯す国際人道法違反、そして、それを生む国際人道法の「戦闘」は「交戦」であるので、９条２項との矛盾は解消されない。

大切なのは、９条ができた時からは劇的に変化している「戦争」に対応すべく、９条の非戦の「精神」に則って、どう条文を改良するか。護憲派の手で９条２項を進化させる勇気を持つか否かである。

「実体としての『戦力』を国際人道法に則った国内の法理で厳格に統制する」。これが基本である。

それを憲法全体の条文に反映させるには、「９条２項を完全削除。軍事裁判所設置のために76条改定」も考えられるかもしれない。

個別的自衛権の行使は上記の「開戦法規」「交戦法規」の立派な war であることを認識した上で、日本の個別的自衛権に国際法より更に厳格な縛りをかけるべく、76条改定に加え、新しい９条２項として、「日本の領海領空領土内に限定した迎撃力（interception forces）を持つ」＋「その行使は国際人道法に則った特別法で厳格に統制される」とすることも考えられる。

§保守改憲派の皆様へ

保守改憲派にも一言。

日本の領海領空領土を脅かす敵が現れたとして、その際、必然的に起こる「戦闘」での誤射、誤爆。例えば、その戦線が、隣国と係争中の領海で、その敵の真横に、敵に属する民間船や民間施設があって、自衛隊の一撃が当たってしまったら？

こういう国際人道法違反を審理できない、つまり、「撃った後」に責任を持てない国家は、法治国家であるなれば、単純に、撃てないのである。

どんな高価な武器で武装しても、撃てないハリボテなのである。

北朝鮮への敵地攻撃なんて、勇ましいことを軽々しく言うべきではない。その際に発生する全ての誤爆の責は、現在の日本の法体系では、「武力の行使」ではなく「武器の使用」として個々の自衛隊員が負うのである。


（＊参照→「南スーダン自衛隊撤退ではっきりした日本の安保の「超重大な欠陥」」http://gendai.

ismedia.jp/articles/-/51311）

安倍加憲は、撃てない国家が、撃てない国家のまま、自衛隊を明文化することによって、個々の自衛隊員にもっと撃て、と言うことである。こんなことが許されていいわけがない。

今こそ、右／左、保守／リベラル、改憲派／護憲派、双方の「知性」が一致団結して、安倍加憲の「幼稚」に立ち向かう時だ。

自衛隊違憲論には立憲的意義がある

伊藤 真

自民党憲法改正推進本部は昨年、自衛隊の憲法明記に関する具体的な条文案として、戦争の放棄、戦力の不保持・交戦権の否認を定めた9条はそのままにし、9条の2として、自衛隊を憲法に明記するとともに、その指揮監督者に内閣総理大臣をあて、かつその行動を国会承認その他の統制に服させることを内容とする条文を加える案を発表した。

形式として、9条3項ではなく、9条の2という新たな条文を追加する方法をとるのは、「現行の9条には一切手を付けていません。安心してください。何も変わりませんから」と言いやすくするためだろう。しかし、何も変わらないというのは全く違う。むしろ、以下に見るように、この国のかたちを根本的に変えていく可能性が高い。

§民主主義、立憲主義に不誠実な態度

昨年5月3日に発表され、一連の改憲論を加速させた安倍首相のビデオメッセージの中の「自衛隊の存在を憲法上にしっかりと位置づけ、『自衛隊が違憲かもしれない』などの議論が生まれる余地をなくすべきである」という主張について述べておきたい。

まず、「議論が生まれる余地をなくすべき」という点は看過できない。そもそも立憲的憲法は、思想信条、民族、宗教など多様な個性や価値観を持った個人が共存するための人類の叡智である。価値観の深刻な対立にも拘わらず、人々が平和的に共存していくことができる自由で公正な社会を形成していくための技法ともいえる。そのためには十分な議論を保障する言論空間の確保が不可欠である。こうした立憲的憲法への敬意が微塵もうかがわれない。「みっともない憲法」と現行憲法を嫌うのみならず、民主主義、立憲主義という人類の叡智をも否定したいのであろうか。

そして、改憲は何かを変えたいために行うのであるが、この自衛隊明記の改憲によって何も変わらないという。そこで、何も変わらないなら多額の費用をかけて改憲する必要などないと批判

されることになる。自衛隊に対するこれまでの政府解釈を変えるつもりはないということであろうが、憲法規範の意味も変わらないと誤解を与えるような説明は誠実とは言えない。「違憲の疑いを払拭するための改憲」と、「憲法規範が何も変わらない」は両立するものではない。自衛隊がなぜ違憲の存在と指摘されるのかというと、戦力不保持、交戦権否認という禁止規範（9条2項）に抵触するからである。これを違憲と指摘されないようにするには、禁止規範を変更するしかない。違憲の疑いを完全に払拭するためには、限定的であったとしても、9条2項の規範的意味内容を変更せざるをえないのである。単純な三段論法で考えればすぐにわかる。

つまり、大前提としての規範の意味を変え、戦力保持を許すか、例外を認めるしかない。これを「何も変わらない」ということはできない。このように「違憲の疑いを払拭するための改憲」と、「何も変わらない」は両立しないのであるから、いくら改憲への警戒感を除去したいとしても、これを両立するかのごとく主張して改憲を進めることは、民主主義、立憲主義に誠実な態度とはいえない。

それどころか、国民に十分に説明し、理解してもらい、国民的議論を経た上での改憲という発想がまったくないように見受けられる。むしろ、国民が問題点に気づかないうちに、さっとやってしまえという考えではないのか。これまで、秘密保護法、戦争法、共謀罪などの重要法案が強行採決されたときと同じように、自分たちの主張が正しく、国民はそれに従えばよいという発想が見え隠れする。全く内容の異なる改憲項目を四つ同時に発議しようとしている点でも、国民的議論を尊重する態度とはとても言えない。自衛隊明記、緊急事態条項、人口比例選挙の否定、教育環境整備の4項目はどれも重要項目であり、国民が賛否の意見を持てるほどにそれぞれの問題点を理解するには、発議されてからの最低60日では到底足りない。

§自衛隊違憲論の立憲的意義

この改憲案では、自衛隊違憲論の立憲的意義を捨て去ることになる。

現行憲法は、9条2項で戦力不保持、交戦権否認を規定するだけで、自衛隊の存在を認める規定を置いていない。そのため、自衛隊は違憲かもしれないと憲法学者から指摘を受けてきた。このように違憲の疑いを掛けられることにより、自衛隊の活動は、自衛のためかどうか、必要最小限か否かが常に問われ続け、それに応えるために極めて抑制的、謙抑的であり続けた。その結果、戦前のような武力侵略や軍事優先の政策、ひいてはそういう社会的ムードの醸成や反戦思想の取締りに対する歯止めとなり、自由な社会の下支えをしてきたのである。これが「自衛隊違憲論の立憲的意義」である。仮に自衛隊を憲法に明記し、原則と例外を逆転させてしまうことは、この緊張関係をなくし立憲的意義を捨て去ることにつながる。国が自衛隊を利用する自由度が一気に広がり、憲法で軍隊を統制することは困難になろう。

このような立場に対しては、自衛隊を憲法に明記したうえで、それを国会などが民主的に統制してはどうかという意見もある。しかし、そもそも文民である政治家が軍隊を実質的にコントロールできるものなのであろうか。

およそ戦争や軍隊を支配する価値原理は本質的には近代憲法を支配する価値原理（個人の尊重、人権尊重、民主主義）とは相いれないものを持っている。軍隊では、個人よりも組織を重視し、各人の主体性よりも命令に服従することが不可欠とされ、さらに命と人権を尊重する市民社会と異なり、命を奪い、敵と軍人の人権を否定することに価値を置くものである。憲法で軍隊をコントロールするということは、憲法の中に相いれない異質の原理を包摂せざるを得ず、憲法の中に全く異なる価値体系が混在することを意味する。こうした政治をコントロールする憲法（政治憲法）と軍事をコントロールする憲法（軍事憲法）が併存するため、両者は常に緊張関係にあり、現実の力関係によって揺れ動くことになる。政治憲法の優位をめざしてシビリアンコントロールを試みてきたのであるが、歴史的にみても各国で必ずしも成功してこなかった。特に日本は、この軍事力の統制に明らかに失敗した歴史を持つ。そこで、日本国憲法は、軍隊の存在を認めた上でそれを市民化しようとする方法ではなく、戦争を放棄し軍隊そのものを保持しないとして、軍事憲法を政治憲法の中に閉じ込めたのである。このことの意味は決して軽視するべきではない。軍事力と戦争が憲法でコントロールしうるものであることを当然の前提にすること自体を疑ってみるべきなのである。

今日の複雑化した軍事に関する専門知識、情報量は、政治家と軍人とで各段の差がある。政治家の軍需産業への配慮も無視できない。文民が絡んだくらいで軍隊を現実に統制できるはずはないのでないかという懸念を払拭できない。ドイツのように厳格な民主的統制を伴った軍隊を設けるのではなく、あえてその存在を否定した日本の過去の歴史と実態を踏まえながら冷静に考える必要がある。

現状の国会審議をみれば、秘密保護法によって情報が統制され、また文書の隠蔽、廃棄、改ざんのおそれが日常化しつつある。しかも、安倍政権では、官邸が党の公認権をたてに、与党議員による異論を封じることが常態化しており、与党内からの反論は期待できない。こうた現実をみると、国会による統制は幻想と言わざるを得ない。

立憲主義は、歴史的には王権と軍隊の統制から発展した思想である。自衛隊を憲法に明記するのであれば、そのコントロール方法を、現実に即して議論する必要がある。

§9条2項の形骸化

この案では、戦力の不保持・交戦権の否認は自衛隊に及ばなくなり、戦力拡大への歯止めがなくなる。法の世界には「後法は前法を破る」というローマ法以来の原則がある。9条に手を付けなくても、9条の2が加えられれば、9条が書き換えられたのと同じことになるのである。

たしかに、そこには「我が国を防衛するための必要最小限」という歯止めも書かれている。しかし、「必要最小限」という量的概念はいかにも曖昧である。どこの国でも、軍隊は防衛のため必要最小限なのであり、いったん憲法に定められれば、普通の軍隊をもつのと変わりなくなる。国防のために「必要」だからといわれれば、「最小限」という「歯止め」が働くとは思えない。

そもそも憲法9条は侵略戦争の否定という世界標準を一歩進めて、自衛戦争も含めた一切の戦争を放棄した。そのために9条2項で、戦争の手段たる戦力と交戦権を否定することで戦争放棄を徹底した。侵略か自衛かという戦争の目的で制限するのではなく、戦力、交戦権という戦争の手段を制限することで、平和主義を徹底したのである。これが「防衛するため」という目的による制限と、「必要最小限」という量的制限に後退してしまう。

§国防国家化の進行

自衛隊の憲法明記には、国民投票の過半数の賛成が必要である。こうした自衛隊の憲法明記には、日本国民による自衛隊という武装集団の直接的な承認、すなわち民主的正統性を与える意味がある。そうなれば政府は、しっかりした自衛隊を組織することこそが国民の期待に応えるゆえんだとして、自衛隊の活動範囲を広げ、防衛費を増やし、軍需産業を育成し、武器輸出を推進し、自衛官の募集を強化し、国防意識を教育現場で強制し、大学等の研究機関に対して学問技術の協力を要請するなどしていくだろう。

小中高の教室で制服を着た自衛官が国防や安全保障の授業をしたり、Ｊアラートがなったときの避難訓練を自衛官が指導し、制服を着た自衛官が町中を闊歩する社会になる。つつましやかで抑制的な自衛隊の姿が一変する。このような自衛隊の強化は、まさに国民の期待に応えたものだとされ、こうした事態を誰も批判することができなくなり、批判する人を非国民呼ばわりして糾弾する風潮も出てくるかもしれない。

政府ではなく市民相互の罵り合いによって、異論、反論を許さない社会が出来上がっていくのは恐ろしいが、軍国主義社会への傾斜はこのようにして進んでいくのである。「国難」においては非国民的言動を封じることこそ正義と吹聴され、国難による不自由への鬱憤とあいまって、彼らに石を投げることこそが正義だと思うようになる。

国内だけでなく、国外からも、日本が「軍隊」を持ったと認識され、中国や韓国などの近隣アジア諸国、イスラム諸国から、軍隊を持つ普通の国防国家とみられるだろう（負の宣言的効果）。しかし私には、「平和国家」というブランドをそんなに簡単に放棄してよいとも、国民の多数がそんな国を望んでいるとも思えない。

§国防目的の人権制約

自衛隊の憲法明記により、国防目的の人権制約が容易になる。改憲案には、「わが国を防衛するため」、すなわち国防という言葉が使われている。これは、憲法自身がそれを価値あるものと認め、あらゆる人権を制限する憲法上の根拠が新たに生まれることを意味する。その結果、「国防」の名のもとに、思想が統制され、言いたいことが言えず、学問研究や宗教も国防の犠牲になり、国防のために逮捕・勾留される等々、軍のために人権が抑圧される国へと向かうだろう。

象徴的には徴兵制が可能になる。徴兵制は、これまでは「意に反する苦役」を禁じる憲法18条違反とされてきた。しかし、憲法が国防を価値あるものと位置づけた以上、徴兵制は18条の例外と考えることも可能になる。サマーキャンプ、サバイバルゲームなどの形をとって若者の参加を募るようになるかもしれない。軍需産業も社員の採用に際して、自衛隊経験者を優遇するようになるかもしれない。

自衛隊の憲法明記は、このように、現状追認どころか、国の形を根本的に転換するものである。

§野党による対案論について

改憲論は、現行憲法から離れて、権力者が望む理想の憲法を語るのではなく、国民が感じる現実の必要が出発点とされなければならない。単に、現行憲法が古くなって、時代に合わなくなったというのではなく、もっと具体的に、どこがどうダメで、どう変えるべきかを、国民一人ひとりが、憲法制定権力の担い手としての自覚を持ち、情緒に流されず、その必要性を冷静に考えなければならない。あたかも改憲ありきで、問題はどのような改憲を提案するかだ、というような安易な論調に乗るべきではない。

立憲的統制とは、もともと、憲法に書き込めば機能するような形式的な話ではない。裁判所による司法的統制、議会による行政統制、メディアが国家権力の行使を批判的に報じ、個々の国民が情報や意見を交換しながらそれを監視する過程の総体として機能する。憲法は魔法の杖ではないのだから、憲法に過剰な期待をするべきでない。

むしろ、その改憲が持つ影響、たとえば、自衛隊や国防という概念を憲法に明記すること自体から生じる前述の変化の可能性にもしっかりと思いを致さなければならない。条文を変更することにより、本来の意図を超えた運用がなされる例は、国旗国歌法（１９９９年）の例にみるように稀ではない。それまで法的な根拠がなかった日の丸・君が代を国旗・国歌として明記するだけの法律が制定されたことにより日本社会は大きく変わった。法律ができて数ヶ月後、ロック歌手忌野清志郎のロック調「君が代」を収録したアルバムをレコード会社が自主的判断によって発売を中止し、大相撲で優勝した力士にＮＨＫアナウンサーが君が代斉唱を求め、岐阜県知事は国旗国歌を尊敬しない人は日本国籍を返上すべきと発言するなど、どんどん日の丸・君が代が押しつけられる社会になっていった。さらには、君が代の起立・斉唱を教員に強制する職務命令まで出されるようになる。

日の丸が国旗であり、君が代が国歌であるという「現状を明記する」法律ができることによって、国民の中に君が代を茶化すことは不適切だ、日本国民なら日の丸を尊重すべきだという風潮が広まっていったのである。単に法律に明記しただけで、ここまで社会は変わる。法律で義務そのものを定めずに、社会のムードを変えることにより、義務を課したのと同じ結果を実現した。ましてや憲法への明記である。自衛隊が憲法に明記されることにより、「自衛官に失礼だ」、「愛国心があるのか」、「非国民！売国奴！」等様々な感情的な言葉が言論の自由という名の下で飛び交い、言葉狩り、ネットでの炎上も仕掛けられる可能性もある。未だに植民地主義が克服されておらず、アイヌ、琉球への差別や旧植民地の人々への差別や偏見から脱することができない国民がいるような国が、それに輪をかけて多様性を認めない国になるのではないか。軍事力が憲法的正統性を得た日本社会は、これまで以上に力がものをいい、寛容性に欠ける社会、異論・反論を許さない社会に変貌していくのではないかという危惧を捨てきれない。

現行９条と自衛隊が共存する道を探る

松竹　伸幸

現行憲法９条はそのままにして、自衛隊の存在を明記する——。この加憲案に私は反対する。加憲案が国民投票にかけられた場合、「反対」に○を付け、現行の９条を支持する。

そういう意味で私は「護憲派」に属するが、では改憲論が全部間違っているかというと、そうは思っていない。改憲論が提起している問題を十分に受けとめ、真剣に対処しなければならないと考えている。言葉は悪いが、護憲は55点で改憲は45点という程度の護憲派であり、自分のことを「改憲的護憲」派だと位置づけている。その理由を述べたい。

§9条と自衛隊の矛盾は長く続く

９条と日本の現実との間に大きな矛盾があることは、多くの人にとって自明のことである。９条２項は「戦力を保持しない」としているのに、実際には戦力以外の何物でもない自衛隊が存在しているのだから。また、「交戦権は認めない」はずなのに、自衛隊が有事に行う自衛権の行使は交戦権の行使と同じであり、これまで行ってきた実績のある米軍の後方支援にしても、国際法上は紛れもない交戦権の行使なのであるから。

自衛隊を即時廃止せよという立場の護憲派にとっては矛盾はないのかもしれない。自衛隊を廃止する方向で矛盾を解決せよということになるのであろう。

しかし、国民多数は自衛隊を廃止するという立場に立っていない。この数十年間、３年に一度の間隔で継続的に実施されている内閣府の世論調査を見ても、自衛隊の縮小（廃止ではない）を求める人は１９９０年代初頭の20％程度から４％程度へと減り続けている。一方、自衛隊の現状を認める人、強化を求める人の割合は、逆に70％程度から90％程度にまで増大している。

護憲派の一部からは、「それは災害援助の側面を見たものだ。軍事組織としての評価は別だ」という声が聞かれる。確かに、同じ内閣府の世論調査では、「自衛隊が存在する目的」として「災害派遣」を挙げる人が最多であって、80％程度である。だが、「国の安全の確保」を挙げる人もそれに続いて多く60％を超え、「弾道ミサイルへの対応」も40％を超えている。

つまり国民多数は自衛隊を「戦力」としても評価しているのである。そして、その自衛隊を縮小しようという人さえ少なくなっており、ましてや廃止など現実のものとはみなしていない。自衛隊即時廃止派の願望はどうあれ、予見しうる将来、自衛隊は存続し続けることを前提としてものごとを考える必要がある。

そう考えると、自衛隊を否定するかのような９条は、憲法によって政治と権力を縛るという立憲主義の考え方からすると問題がある。改憲論に根拠があると私が思うのは、そういう理由からだ。

§９条が安全保障を真剣に考える土壌を弱めてきた

それだけではない。憲法９条の存在が、国民のなかで安全保障を真剣に議論しない風潮を生んだことも、克服しなければならない問題である。

９条が掲げる平和主義の精神は大事なものである。戦争を嫌い、何事も平和的にと考える日本人の気風は、第二次世界大戦前の日本では考えられなかったほどの〝進化〟と言えるものであり、民主主義を世界に拡大する戦争に狂喜乱舞するアメリカ国民などと比べると高く評価できる。

とはいえ、世界のなかでは戦争が続いている現実から目を背けてはならない。紛争の要因がある場合、平和的に解決しようとするのは大事だが、努力をしても実らない場合があるから戦争はなくならないのである。その時のことを考え、安全保障面での対処を準備しておかないと、平和主義も危うくなる。

ところがこの日本では、平和主義と安全保障の二つが、あたかも対立物のように扱われてきた。ヨーロッパではナチスの侵略に際して、多くの国で一方では右派、保守派が屈服し、他方では左派が武器を手にとってレジスタンスを闘う構図が生まれたこともあり、左派が軍事を重視するのは当然という風潮がある。それが左翼政権を誕生させる一つの土壌ともなっている。しかし日本では、護憲派、左派が自衛隊を含め軍事を否定的に捉えたため、国民は自分のいのちを預ける対象として、一貫して保守政権を選ぶことになった。

その保守政権は、日米同盟と抑止力に無条件の信頼を寄せるだけで、自分の頭で安全保障のことを考えなかった。その結果、日本では左右いずれの陣営においても、安全保障を真剣に議論する環境が生まれなかったのである。

いずれにせよ現在、自衛隊を将来にわたって維持するのが国民世論の多数となっている状況下で、自衛隊を安全保障政策にどう位置づけていくのかが大事な課題になっている。改憲派であれ護憲派であれ、よくよく議論して、ある種の国民的な合意点を探る必要があると思う。９条を維持するという考え方が、そういう議論さえ忌避するものであるならば、改憲論に軍配が上がることになってしまうであろう。

§改憲は日本の安全保障にとって悪影響

以上のような私の立場を紹介すると、よく言われるのは、「じゃあ、改憲でもいいのではないか」「それでも護憲なのはなぜか」ということである。私の立場を一言で表現すると、「憲法９条と自衛隊の共存」をどう実現するかということであるから、９条を堅持して自衛隊を書き込むという安倍首相の加憲論と親和性があると思われるのであろう。

親和性があることは否定しない。実際、信頼性のある安全保障政策が確立され、日本国民のなかで合意が形成されるなら、日本の平和と安全は確かなものになるのであって、その面だけから見ると憲法の文面を維持することは不可欠の事柄ではないと思う。

しかし、それでもなぜ護憲なのか。

第一に、加憲案が、私がもっとも重視する日本の安全保障に深刻な悪影響を及ぼすからである。ここには二つの要素がある。

一つは、アジア諸国への影響である。日本に侵略されたアジア諸国にとって、憲法9条の存在は、再び侵略が繰り返されないことの担保のようなものになってきた。自衛隊があっても、それがかつての日本軍とは異なるという安心感が、日本の防衛政策への信頼を培ってきたと言うと大げさであるが、少なくとも不安を持たせない要因であった。日本がふつうの憲法を持つ国になれば、一つひとつの防衛政策や装備の拡張などが疑心暗鬼を生じさせ、緊張を強めることになりかねない。それは日本の安全保障にとってマイナスである。

二つは、政策面で見ても、そのアジアの懸念は杞憂ではないことだ。言うまでもなく、安倍首相の加憲は、新安保法制で認められた集団的自衛権を容認することの上に成り立っている。集団的自衛権の法的な問題の議論はさておき、この「権利」が実際には、アメリカのベトナム侵略やソ連のチェコ侵略、アフガニスタン侵略などの口実に使われた現実は消し去ることができない。日本が憲法で堂々とその権利を認めるということが、アジア諸国の不安感を増大させることは疑いない。ましてや、一部であれ認められた集団的自衛権が、今後全面的に認められる可能性を否定できないのである。

§「専守防衛」には積極的な意味がある

これに対して、現行憲法下で誕生した日本特有の「専守防衛」という考え方は、日本の安全保障にとって大きな意味がある。アメリカとソ連の全面対決が想定されていた時代には、アメリカの槍を補完するだけの欺瞞的なものだったかもしれないが、現在は積極的な意味を持たせられる可能性が生まれている。

専ら守りに徹するということで、相手に致命的な打撃を与えないわけだから、戦争に勝つことを基準にすると、安心できないと思う方も多いだろう。自国に逃げ帰った相手を追撃しないので、相手が再び陣容を整えてやってくることを防げない。しかし、相手から攻撃されない限り先に手を出さないし、手を出す場合も相手に致命傷を与えないと明確にすることにより、少なくとも相手が必要以上に警戒するのを防ぐことはできる。相手に先に攻撃する動機を与えないという点でも、専守防衛に優るものはない。

アメリカの「核」抑止力に頼らない場合、軍事力は確かに不足するであろう。けれども、その不足分を政治の力で補うということが、専守防衛の骨格になると思う。

米ソ対決時代というのは、お互いがイデオロギー面でも政治・経済面でも相容れないから、相手の崩壊を願って政治・経済関係は最小限にとどめ、軍事面では壊滅させる戦略をとるものであった。その点で強大な軍事力に意味があったのだ。しかし、いまの中国は、経済面一つ取ってみても崩壊させていい相手ではない。

だから、専守防衛を磨いていくことが、日本にとって大事な課題なのである。そういう考え方の萌芽だけでも生み出した現行憲法を、私は大事にしたいと思う。

それならば憲法の文面を専守防衛に合致するように変えればいいではないかということになる。立憲主義を大切にするなら、自衛隊違憲論が残るままで専守防衛の政策を深めるより、そのほうが合理的な面もあるだろう。安倍首相の加憲案が専守防衛ではないことを明らかにするためにも、そういう議論は大切である。

ただ、まず現実的なことを言わせてもらえば、実際に国民投票にかけられる案は、安倍首相の加憲案だけだということである。いくら「9条と専守防衛の自衛隊の共存」を担保した改憲案をつくっても、国会で3分の2を占めることなどできないのが現実であって、国民投票で問われるのは、加憲案に賛成するのか現行の9条を維持するのかだということである。

その際、私は、９条を維持するほうを国民に選んでほしい。改憲しないと専守防衛の自衛隊のあり方を深めることはできないし、自衛隊を統制もできないということだけが強調されれば、国民投票の際に９条を維持する世論が減っていくだろう。だから私は、そのような考え方を肯定する面はあるのだが、やはり「護憲」の立場で安全保障を深める道を選ぶのである。

§現行憲法下で不可能ならずっと不可能のままだ

現実に進行することが予想される事態を考えても、９条のもとでの自衛隊のあり方を深めることが不可欠である。

加憲案が国民のなかでどう受けとめられるか分からない面はあるが、いくら矛盾を抱えた９条とは言え、戦後日本の象徴のようなものであり、国民の９条への愛着も深く、簡単に加憲案が通ることはないだろう。

ということは、加憲案が否決されたとして、現行憲法下では安全保障を深めることはできないということになると、日本の安全はこれからもずっとおざなりにされることになってしまう。自衛隊をどう統制するかも含め、自衛隊のあり方を専守防衛にふさわしいものにしていくこともできないということである。

そういう事態は放置できないと私は考える。だから私は、元防衛官僚の柳澤協二氏を代表とする「自衛隊を活かす会」（正式名称は「自衛隊を活かす：21世紀の憲法と防衛を考える会」）の事務局長を務め、現行憲法下での安全保障政策の確立のために努力しているのである。

防衛政策以外にも検討すべきことは山積している。

例えば、日本有事のことを考えれば、自衛隊が国際人道法に違反する行為（民間人の殺傷など）を犯す場合も想定し、それを裁くための必要な国内法を整備すべきだと考える。常備軍のないコスタリカでさえ、やむなく戦争に巻き込まれれば臨時に軍隊を保有することを想定し、その種の法律は持っている。

さらには、そのような犯罪を裁くため、自衛官を対象とする裁判制度をどうするかについても、現行憲法下で探究することが必要である。戦時における自衛官を対象とした裁判がかなり専門的なものになることは常識である。日本国憲法は特別裁判所の設置を認めていないが、専門知識の必要な知的財産権を扱う裁判所は認められている。それなら、同様の性格の裁判所を設置することも検討すべきであろう。

過去の軍法会議を想定しているものではない。検察が海外の戦場で事件の調査をしたり、裁判官や弁護士を戦場近くに派遣して裁判をすることは不可能であるから、自衛隊に武器を持たせて海外に派遣することは止めるべきだ。あくまで日本有事において、自衛隊に法規違反をさせないための裁判所である。

§国家の基盤である憲法を守ることは憲法に違反しない

こんなことを主張していると、究極の解釈改憲かと批判されるかもしれない。

しかし、問われているのは、日本が侵略された際、どう対応するかということである。侵略を許すことになれば、国民の生命も財産も奪われ、国家の存立が脅かされる。第二次大戦後の占領を経験した日本国民ならば、それが憲法の廃止にさえつながることは容易に理解できるはずだ。侵略を許してしまえば、護憲派にとってはいのちより大切なはずの9条さえなくなるかもしれないというのに、憲法が侵略への無抵抗を求めているとは私には思えない。

9条との関係で自衛隊が矛盾を抱えていることは厳然とした事実である。とはいえ、国家を成り立たせている憲法が、国家の存立のために不可欠な組織と行動を憲法違反とみなすことはあり得ないし、したがって専守防衛の範囲の自衛隊は違憲とまでは言えないというのが私の立場である。もちろん、国家の存立が外部から脅かされない時代がやって来るなら、９条が直接適用されて自衛隊は違憲となり、解散することになるだろう。

加憲論とは、繰り返すまでもなく、専守防衛の自衛隊のあり方を深めるものではない。専守防衛から逸脱した自衛隊を合憲だとするものであり、絶対に反対である。

§自衛隊への敬意は努力のなかで自然に生み出される

加憲論がそれでも少なくない国民から評価を受けるとすれば、自分たちが敬意を持っている自衛隊が憲法で明確に位置づけられ、合憲か違憲かという議論がなくなることであろう。そういう感情は理解できる。

私の知り合いの自衛官のなかには、防衛大学に入った年に自衛隊違憲の長沼判決があり、自分が生涯をかけて志そうとしたものが憲法に違反するのかと衝撃を受けたままの人もいる。「護憲派から石を投げられそうになった」と感じながら職務に専心してきた自衛官も少なくない。そういう状態には終止符を打ちたいと思う。自衛官が改憲によって心が安らぎ、さらに仕事に励むことになるなら、それも大事なことだと感じることがある。

しかし、自衛隊に対する現在の国民の敬意は、逆説的な話になるが、憲法で明確に位置づけられなかったことが生み出したと言える。自衛隊違憲論が幅を利かすなかで、どうやったら国民に支持されるかに心を砕き、政治の争いからは距離をおき、専守防衛の考え方を編み出し、災害救援では本当に全身全霊を傾けてきたの自衛隊を見て、国民は安心感を感じたのである。

もし、自衛隊が憲法で明記されることによって、国民に支持されようと努力する謙虚さを失うことにつながるなら、かえって反発が強まる可能性もある。現在、私は加憲問題で幹部自衛官にインタビューを続けているが、いろいろ悩んだけれど軍隊が大手を振って歩く世の中は良くないと「護憲」を選ぶ自衛官がいる。加憲されればありがたいが、それをめぐって国民世論が再び分断されるくらいなら現状のままがいいと、率直に真情を吐露する方もいる。

自衛隊への敬意は、自衛官の努力によって自然に生み出されてこそ、強固で永続的なものになるのではないだろうか。現在は、軍隊が国家の象徴のように扱われていた時代とは異なり、国連憲章で戦争と武力行使が包括的に禁止されている時代である。憲法によらないで自衛隊を認知するというのは、その時代にふさわしいやり方なのかもしれない。

§究極の理想に意味がある条件

現実的かどうかは別にして、9条が究極の理想であることは、多くの人が認めるであろう。日本が「平和国家」とみなされてきたのも9条があるからだ。

現実とはズレている点で立憲主義の観点からは問題があるけれども、究極の理想をかかげていることに別の意味はあるのだろうか。私はあると思う。それが私が護憲である究極の理由でもある。

現実と異なる究極の理想が意味を持った事例は別の分野にも存在する。例えば、フランス革命で1789年に誕生した人権宣言。それは当時画期的だったというだけではない。現在のフランス憲法も、前文でその古い人権宣言を「憲法的価値」を持つと宣言し、実際にも人権宣言に照らして法律が廃止されたりすることもあるそうだ。

もちろん、人権宣言を発したからといって、革命後のフランスがずっと人権先進国であったわけではない。それどころか、革命に次ぐ革命のなかで反対勢力はいのちを奪われるのが通常であったし、植民地の人びとには人権概念はそもそも通用しなかった。人権宣言とは正反対のことがまかり通る現実が横行していたのである。立憲主義どころの話ではない。

しかし、人権宣言の理念は、1789年から160年が経過した1948年、世界人権宣言として国際的に普遍的なものとみなされた。人権概念はその後も現在に至るまで発展を続けている。戦争はしない、戦力を持たないという日本国憲法9条の理想も、やがてはこのようなものになってほしい。そのためにも、9条を維持を維持したいと思うのである。

けれども、9条があるだけで理想へと近づけるわけではない。9条が有害な役割を果たす危険もある。

フランスが人権面で先進国とみなされるのは、とにもかくにも普遍的な理想をかかげたからだけではない。理想に反する現実はあったけれども、なんとか理想を実現しようとする努力も続けられたからである。絶対的な価値の存在が、その努力を促したのだ。

一方の日本は、9条を掲げながら、一貫してアメリカの戦争を支えてきた。それでも自衛隊は長く国内にとどまってきたため、「平和ブランドとしての9条」が通用する時代はあったが、90年代以降、自衛隊の海外派兵が通常のものとなり、日本は戦争する国として世界に見られるようになる。そういう事態が続く場合、9条は宝ではなく、現実を覆い隠すベールに過ぎなくなる。実際には戦争する国なのに、平和国家のふりをするため9条が利用されているわけである。

現行憲法9条が維持されたとして、「平和国家のままで良かった」と安心し、アメリカのもとで海外で軍事介入する政権を戴き続けるなら、世界が9条を嘲笑することはあっても、理想とすることはない。そうならないために求められるのは、「海外で戦争する国」としての現状を拒否し、国民多数が支持するに足る安全保障政策をつくりあげることである。その政策が実際に推進され、日本周辺で平和で安定的な環境をつくりあげられてこそ、9条は世界に誇れる存在になるのだ。

それを護憲派が主導できれば、9条の価値はさらに高まるだろう。しかし、国民の数%に過ぎない自衛隊否定という思想の上には、国民的基盤を持つ政策は生まれない。

保守派の論客であった高坂正堯氏（故人）は、まだ若かりし1960年代、「日本が追求すべき価値が憲法9条に規定された絶対平和のそれであることは疑いない」と述べたことがある。そして、理想を実現したいと願うなら現実に歩み寄らなければならないとして、自衛隊の存在に意味を与えようとしたが、非武装中立に固執した当時の護憲派は耳を貸さなかった。

その克服こそが、9条を持ち続けることの意味を、広く国民共通のものにするのではないだろうか。痛切にそう思う。

「立憲的改憲」で国民の議論を成熟させる

山尾 志桜里

2月22日、衆議院予算委員会。

私は、憲法に関連してたった一つの質問を安倍総理にぶつけた。

『2項を変えずに自衛隊を明記する』総理の提案では、『9条2項と自衛隊をめぐる合憲・違憲の議論に終止符をうつ』という総理の目的は果たせないのではないか」

これに対し、安倍総理は「私は一石を投じたのであって、あとは国会で議論して頂ければよい」との答弁に終始した。

安倍総理の投じた「一石」の質の吟味をする問いであって、「一石」が投じられたあとの議論の場を訊ねる問いではないのだから、もちろん、この安倍答弁は、問いの趣旨を意図的にずらすはぐらかし答弁である。

そして、この「一石」を投じた安倍総理自身が、この素朴な問いに答えを持ち合わせない以上、他に答えられる人がいるはずもない。

万が一にもかかる「安倍加憲案」を中心とした原案が提出された場合には、もちろん再び、私は同じ質問を、原案提出者（自民党の中谷元委員やあるいは公明党の北側一雄委員など与党の憲法審査会委員が想定される）に対して投げかけることとなる。

そのときまでに、与党はいかなる理屈を構築してくるのか興味はあるが、ことは憲法改正だけに興味本位ではいられない。

以下に、「安倍加憲案」の問題点を大きく2点指摘しながら、私自身が立脚する「立憲的改憲」の視座を提示したい。

§自衛隊違憲論に終止符は打たれない

第一に、冒頭に適示したとおり、安倍加憲案では安倍加憲案の目的を達成することはできない。

現在までの安倍総理の言葉を拾うに、提示された目的は二つ。「自衛隊違憲論に終止符をうつ」こと及び「自衛官に誇りを与える」ことである。

前者の目的は、自衛隊を解散する立場に立たない限りは2項を実質的に修正・削除することでしか果たせないであろう。したがって、「2項を維持したままの」安倍提案では目的を達成することはできない。むしろ、「戦力不保持・交戦権否認」と「自衛隊の存在」という憲法典と現実の矛盾は、「自衛隊の存在」が明記されることにより、憲法典内部の矛盾として固定化・顕在化される。

そのことにより、これまで提起されてきた憲法上の疑義に加えて、「戦力不保持を前提としながら、自衛隊の存在を明記した立憲者意思をどのように評価するのか」「『後法は前法を廃する』との一般的命題は、矛盾しうる前法の存在を十二分に認識した上であえて修正・削除せずに後法を付加した場合にまで該当するのかしないのか」「作用の統制規範たる『前法』の2項と、組織の根拠規範たる『後法』の新条項の関係をどうかみあわせるのか」など、新たな憲法上の論点が増えてしまう。自衛隊をめぐる憲法議論は終止符が打たれるどころか、ますます混迷を深めるだろう。

§自衛官の誇りにとっても逆効果

後者について、身も蓋もなくいえば、「自衛官に誇りを与える機能」は憲法の本来的機能ではない。別の政策目的のための改憲の付随的結果として「誇り」もついてくるのであれば、それは喜ばしいことではあるが、むしろ安倍加憲案は逆効果をもたらすだろう。

そもそも前述のとおり、安倍加憲案は2項をそのまま維持する以上、自衛隊違憲論は払拭されず、憲法上の曇りのない組織としての「誇り」を与えることはできない。

さらに、仮に安倍加憲案が発議され、国論が二分され、否決された場合の光景は無残である。自衛隊がその献身的・抑制的な行動によって培ってきた国民からの信頼の土台に図らずもひびが入ることになるだろう。仮に可決された場合であっても、無視できない数の一定の反対票が予想されるから、以後自衛隊は、反対票を投じた国民の多様な意思を分析する術を持たないままその正統性につき解決困難かつ深刻な負荷を背負うこととなるだろう。

つまるところ、安倍加憲案は、「憲法上の疑義」を増やし、「自衛官の誇り」の土台を崩すリスクが高いのであって、政策目的と手段がまったくかみあっていないのだ。

この点、「立憲的改憲」の立場から9条を検討するにあたり、最初のスタートは、自らの命を賭して国民の命を守る自衛隊に求めることを、国民各人が思考し熟議し一定の判断を下すことだ。「戦力」該当性の憲法議論ではなく、外交・安全保障の政策議論に立脚し、自衛権の範囲について国民的合意を形成していくべきだ。

私は、個別的自衛権の範囲内でとりうる措置を強化し、集団的自衛権は行使せず、非軍事的プレゼンスによる平和構築分野の国際貢献を日本の外交・安全保障政策の柱にするべきだと考えている。この方針に一定の国民的合意が得られるのであれば、国民意思による自衛権統制として「個別的自衛権に限る」ことを憲法9条に明文化すべきである。あわせて「個別的自衛権」の範囲において自衛隊は「戦力」でありその行使は「交戦権」の一部であることを憲法上認め、その範囲を超える「戦力保持」や「交戦権」は認められないという形で9条2項を再構成すべきだ。

「立憲的改憲」は、「憲法上の疑義を内包する組織としての抑止力」という極めて非立憲的な重しを外し、むしろ「自衛隊の作用の根幹を憲法で規律する」という極めて立憲的かつ常識的な憲法改正を問うものである。その結果、付随的かつ幸福な結果として、自衛隊の皆さんは、組織そのものに内包する憲法上の疑義から解放され、かつ、国民の熟議により定められた行為規範のもと、大いに誇りをもって活動することができるようになるだろう。

§自衛権の範囲も含む国民的議論が不可欠

第二の「安倍加憲案」の問題点は国家ビジョンがないことだ。現代の日本が抱える課題を、日本社会の最高法規である憲法を通じて解決していくという動機がない。違憲性の払拭や誇りの付与といった課題は提示されているが、これらが本質的課題かどうかはさておき、悪化させこそすれ解決しないことは、前述したとおりである。

「立憲的改憲」の立場から、9条を中心とした外交・安全保障政策に関していえば、憲法議論を通じて解決を試みるべき現代日本の本質的課題は以下の3点にあると考えている。

1点目は、9条をめぐる憲法議論自体が「護憲」「改憲」という極めて非合理的な二元論のもとで先鋭化してきた結果、自衛権の範囲を含めた国民的政策議論が全く成熟していないことである。「自衛権」という最も先鋭化しうる国家権力に対し、何を求め何を禁ずるのかという基本的事柄につき、国民意思の集約がなされていない。

したがって、速やかにそして十分にその議論をすべきであり、かりにその一定の権限範囲が定まったならば、前述のような自衛権の範囲統制とあわせて、①国会による事前承認②内閣の権能における自衛隊指揮権の再定位③司法における自衛官の行為統制など、三権の立場から自衛権を十全に統制するしくみを規定することが必要である。とりわけ、③に関連して国外過失犯の処罰規定の不備は喫緊の課題である。伊勢﨑賢治さんが警鐘をならすように、日本ジブチ地位協定において公務内外における自衛官の行為については日本の裁判権の下におきながら、国外過失犯についての処罰規定を欠く状況は即刻正さなければならない。

２点目は、対外的な国家主権を確立するための日米地位協定の正常化である。いかに国民意思で自衛権の統制を試みても、その自衛権が米軍と「連携」を超え「一体化」していては統制は及ばない。在日米軍基地が国外における米軍の戦闘作戦行動の事実上の出撃拠点として、日本の意思にかかわらず利用される状況を放置したままでは、主権国家としての独自の外交・安全保障政策を機能させることは難しい。

２００８年、イラクは、アメリカとの地位協定に「他国を攻撃するためのルートもしくは出撃拠点として、イラクの領土、海域および空域を使用することは許されない」という条項を盛り込んだ。アメリカと地位協定を結び改定を進める諸外国の例を研究しながら、上記の日ジブチ地位協定における自国のアンフェアな態度を改めるとともに、日米地位協定においてもよりフェアな改定を求めて、理路整然と交渉を進めることが、対外的な国家主権を確立するために必要不可欠である。

§憲法裁判所の創設をめぐって

3点目は、「憲法裁判所」の創設である。憲法の規律力の弱さが、違憲立法や違憲状態を生んでいる一方、憲法の拘束力の弱さが、違憲立法や違憲状態を是正できない原因となっている。自衛権の問題にあてはめれば、いかに自衛権を憲法で統制しても、その統制に反する国家行為が行われた際に、それを指摘し是正する制度設計が必要なのであり、「憲法裁判所」はかかる機能に奉仕できる。

「砂川判決」を思い返してほしい。在日米軍の合憲性が争われた訴訟において「一見極めて明白に意見無効であると認められない限りは、裁判所の司法審査権の範囲外」との理論で憲法判断が回避された。いかに国家の自衛権を憲法で統制しても、憲法違反の有無を審査し是正する制度が内包されていなければ、立憲主義は貫徹しない。

具体的な事件性を帯びなくても、法律（法案）や条約や政府のふるまいに一定の違憲の疑いがある場合には、憲法裁判所において公正な判断が下され是正される制度の創設を、積極的に検討すべきである。

その場合の制度設計においては、裁判官人事が肝となる。

現在の最高裁判所人事のように、任命権・指名権が内閣総理大臣に掌握されていては、内閣の行為をも規律するための制度的中立性が担保できない。

そこで、たとえば、衆議院・参議院・裁判所から各同数の候補者推薦を受けることとし（あえて内閣をのぞく）、特別多数を要する国会同意人事としたうえ、民主的正統性と質の担保のため、公開の委員会における厳格な諮問手続きを要求する。

一度選任されたのちは、むしろ国民審査も不要、再任不可として、多数決を背景とした民意からも距離を置いた立場での公正な裁判権を担保する。

こういった制度設計は、既存の最高裁判所人事の制度的問題点をも浮かび上がらせることになるだろう。

このように「立憲的改憲」のスタートラインは、国家のビジョンにもとづき社会の課題を提示し、憲法規範（憲法典のみならず憲法付属規範を含む）を用いて現実的に解決していくことにあり、憲法改正はあくまで目的ではなく手段である。

他方、安倍加憲案からは、その加憲により目指す国家ビジョンはまるで見えてこず、これでは憲法改正そのものが目的だと言わざるを得ないだろう。

にもかかわらず「改正できればなんでもいい」という本音を糊塗するために、邪な目的をでっちあげるから、目的と手段がかみあわないこととなる。

このような改憲のための改憲提案を土台にしたのでは、日本の憲法議論は貧弱になるばかりであるから、「立憲的改憲」という議論の土台を提案し、大いに反論・吟味していただく過程を経て立憲主義についての認識を深め、その過程そのものが民主主義の醍醐味を味わう機会としたい。

§運動論について護憲派と改憲派の方々へ

最後に、憲法議論の運動論について若干記したい。

「護憲派」の方々へ。

日本社会ではこれまで、権力者による権力の自由度を高めるための改憲しか土俵にあがってこなかった。「改憲」に反射的な警戒心がつのるのは十分理解できる。

しかし、「護憲」の本丸であった憲法９条は、安保法制を止めることができなかった事実は否定できない。

イラク戦争における米兵輸送、交戦主体としか言いようのない南スーダンＰＫＯへの自衛隊派遺、そして集団的自衛権の一部容認。

戦後の歩みのなかで、「違憲の疑いによる抑止力」は一定の役割を果たしたかもしれないが、遅くとも2015年の安保法制の成立とともにその役割を終えた。

「自衛隊を憲法上認知せず、したがって明文統制もしない」という「超立憲的な独特の手法」の間隙をついて成立したのが安保法制である。

「超立憲的な手法」の次に選択すべきは改めて「立憲主義」という共通の価値である。

今こそ、自衛権という最も先鋭化しうる国家権力を、国民がいかに統制するか、そのツールとして憲法の力を信じ、よりよい憲法を作ることができるという国民の力を信じ、「立憲的改憲」のコンセプトを理解してほしい。

むろん、「どんな良い憲法を作っても安倍総理のような人間は守らないから無意味だ」とおっしゃる向きの方もいるだろう。少なくとも、そうしたニヒリズムの思想は、立憲主義とは両立しえないことだけは指摘しておきたい。

他方、「改憲派」の方々へ。

押し付け憲法論の立場から「とにかく日本人の手で1文字でも憲法を変えることが肝要」と考えるのであれば、安倍加憲に反対の理由はないだろう。どうぞ、賛成運動にまい進してほしい。

また、安倍総理の提案であれば何でも賛成という「人の支配」原理に支配されている方々は、「二段階改正論」なる論陣を張り、図らずも安倍提案に対して「改憲アレルギーの露払い」的な位置づけをしておられるが、こういった主張が、これまでの己の「改憲哲学」のクレディビリティーを極限まで低下させるリスクを熟慮されるべきだと思う。

しかし、他方で多くの改憲論者は、時代とともに国民の意識も国家のビジョンも変化するから、よりよい日本社会のための憲法改正が必要だ、と考えていたのではないか。

残念ながら、「安倍加憲案」ありきの憲法改正では、「自衛隊ありがとう」の空疎なスローガンが響くばかりで、この国の外交・安保政策の道筋をいかに描くか、命を賭して国民を守る自衛隊にどこまで何を託すのか、という真に成熟した国民的議論はなしえない。

そして、国民の意識に支えられた国家ビジョンが全く見えない安倍加憲案は、この国初めての憲法改正にふさわしいとは思えない。

ぜひ、良識ある改憲派こそ、安倍提案より良質の憲法改正にこだわってほしい。

ある憲法学者の方から「立憲的改憲には賛成だ。なぜなら、すべての改憲は立憲的であるべきだからだ」と言葉をいただいた。

「立憲的改憲」は国民の数だけあっておかしくない。

私の「立憲的改憲」が批判的吟味にさらされるとともに、その過程を通じて多様な「立憲的改憲」論が社会に提示され、この国の憲法議論が成熟していくことに貢献できればうれしい。

第Ⅱ部

公開討論会

2018年3月31日に開かれた公開討論会（於、日比谷図書文化館大ホール）
左から伊勢崎賢治、伊藤真、松竹伸幸、山尾志桜里の各氏
主催：毎日メディアカフェ
企画：かもがわ出版 / 市民社会フォーラム

司会　本日の司会を務めさせていただきます。サクライと申します。ふだんは畑違いの編集の仕事をしています。団塊ジュニア世代に属します。4人の論者の方からは、すでに「私の対抗軸」と題して寄稿して頂いておりますので（本書第一部）、それを前提にして議論を進めたいと思います。まず、各論者の方から別の論者の方へ、「ここはもっと聞きたい」とか「これはおかしいのではないのか」などがありましたら、いかがでしょうか。

一、立憲主義と自衛権をめぐって

山尾　伊藤先生と松竹さんにちょっと聞きたいことがあります。

この前、すごく意外な言葉を聞いたのです。私と同年齢ぐらいの女性だったのですけれど、その彼女に対して安倍政権がどれだけ憲法違反をしているかという話をしていたのです。そうしたら、その女性は、法律違反というのはすごく悪いと思うけれども、憲法違反と言われてもぴんとこないし、本当にそれが悪いのかどうかよく分からないというのです。

法律違反は駄目、でも憲法違反はそれほど駄目なことなのかな、という感覚。意外に思うと同

時に、ちょっと分かるなって思ったのです。だって、憲法というのは、理想で現実とは違うところがいっぱいあって、それはそういうものとして、いまもそこにあると、そういうふうに教育を受けてきたのだと思います。

憲法と言うと、すぐ思い浮かぶのはやはり9条です。その9条こそが、自衛隊に常に違憲という疑いをかぶせながら、でも、現実にあるものとしてそれを受容してきた。理想と現実のギャップを放置してきた。

それを続けてきたことによって、憲法違反というのはよくあることで、あって仕方ないものという感覚が生まれてきた。法律違反はだめなんだけれど。もっと怖いのは、つまりそれが翻って、安倍政権の憲法違反に対する国民の「鈍感さ」につながっていると思うのです。この会場にいらっしゃる皆さんは、「安倍政権の憲法違反はけしからん」と強固に思っている人が多いと思いますが。

でも、周りの人は、自分が思っているようには怒ってくれないというか、重要に考えてくれないというか、そんな感じではありませんか。待機児童の問題だったら安倍政権に怒る人も、憲法違反の問題というのは、自分と同じようには熱くなってくれないというか。そこの根本にある問題は何かというのを、私たちは考えなければならないと、最近思うのです。どうですか。

§立憲主義とはどういうものなのか

伊藤　本当にそのとおりだと思います。

憲法違反と言われても、多くの人はぴんと来ません。例えば、私たちが悪いことをやると捕まったり、訴えられたりして罰金を払わされたりとか、強制執行で財産を押さえられたりするではないですか。法律に違反するとそうなります。でも、政治家は憲法に違反しても、びくともしないで堂々とうそばかり言い続けて、好きなことをやっているわけです。

だから、同じ法でも、憲法とその他の法律、民法や刑法のようなものとは全然違っている。そんなこともあって、憲法違反と言われてもぴんとこないというのは、よくあることでしょう。多分それが、この国の多くの国民、市民の方が持っている感覚ではないかと思うのです。

私も、こうして皆さんの前に座って偉そうにお話していますが、東大法学部の学生の時、立派な憲法の教授の講義を聞いたあとなのに、憲法は法律の親分だと本当に思っていました。民法や刑法やさまざまな法律の中で最も基本的で最高の法律、この国で最も大切な基本の法律、それが憲法だと本当に思っていました。でも、一生懸命、自分なりに勉強して、憲法は法律とは違うものだということを、初めて理解することができたわけです。

その辺りから、憲法と法律は矢印の向きが逆だとか、憲法は国を縛るものであって国民を縛るものではないとか、が分かってきた。そして、「私たち国民には憲法を守る義務なんかない」、というような少し極端な言い方をして、憲法学者やいろんな人から批判をされながら、憲法と法律は違うということを30年間言い続けてきたのです。

ここ数年やっと立憲主義という言葉がメディアに出てくるようになりました。政治家が口にするようになり、市民の方でも、憲法は法律とは違って国を縛るものらしいぞと言い始めています。しかし、まだまだ、ごく一部です。

私は渋谷で仕事をしていますが、例えば渋谷のスクランブル交差点を歩いている若い皆さんに、「憲法とは何ですか」という質問をしても、「憲法」よりも少林寺「拳法」の方をイメージする人もいるのではないでしょうか。それがこの国の現実です。憲法というのは、その国の国民の理解のレベル以上にはなり得ないものと私は考えています。

戦後すぐ、文部省から『あたらしい憲法のはなし』という素晴らしい副読本が出ました。その中の９条のくだりなどは、いま読んでも感動するような表現が使われていて、本当に素晴らしいと思います。しかし、その中に立憲主義という言葉は一つも出てきません。私たちは憲法を守っていかなければなりませんというだけで、われわれが国を縛るために憲法を持っているのだという発想は、戦後一貫して教育課程に出てきていないのです。そういうことも原因となって、この考え方が国民の中に定着していないのです。

簡単に言えば、立憲主義に関する教育を受けていない。そして市民の中にそれが浸透していない。憲法は普通の法律の延長線上だと思っていますから、そうすると民法や刑法に違反すると捕まるのに、憲法に違反しても政治家は捕まらないよねという感覚が生まれるのは当然だと思います。

本当は私も憲法の力を信じたいです。憲法が好きですから。でも、憲法の文字などは信じていません。憲法の力を信じています。その憲法の力というのは、それを支える市民の力、国民の意識なのです。それが憲法なのです。憲法の文字ではありません。

例えば、イギリスには明文の憲法などありませんが、立憲主義、立憲民主主義の母国とされています。それは、国民や政治家が、立憲主義や憲法を支える意識を共有できているからです。憲法にどんなに素晴らしい文字を書き込んだとしても、そんなものを私は信頼しません。その文字を通じて私たち、国民、市民や政治家がそこにどういう意味を込めていくのか、それが立憲民主主義なのです。

残念ながらこの国は70年間その努力をしてきませんでした。その状態でいきなり、山尾さんが提唱する立憲的改憲によって、明確に「個別的自衛権に限定します」と憲法に書き入れたところで、それをきっかけに「いや、憲法は法律とは違うよね」と、国民の意識が急に変わるとは私にはとても思えない。

たしかに、議論のきっかけにはなるとは思います。でも、仮に変わってしまったあとのことを考えると、弊害の方が大きい。メリット、デメリットを比べたとき、デメリットの方が大きいのではないのかと思うのです。

立憲主義というのは、憲法の文字に縛られるという意味ではありません。政治家が憲法の文字に拘束されるという、そんな浅薄なものではまったくないのです。そうではなく、その国の国家の内政、例えば、議会による行政統制、司法権による統制、メディアによる権力監視がなされているかということです。そして私たち市民、国民による批判的な言動がどれだけ自由に許されているのか。さらに、国民市民がどれだけ立憲主義や憲法を理解し、それを血肉にして日々生きているかということです。これらすべてが立憲主義を構成しているのだと考えています。

繰り返しになりますが、山尾さんの議論は、カンフル剤みたいになることで、一つの議論としては成り立ち得るだろうと思います。しかし、私は、リスクが大き過ぎる、マイナスの方が大きいのではないかというので、賛成しないという立場です。

§立憲主義なら戦争はしないのか

司会　松竹さんはこの問題はどうですか。

松竹　憲法と法律に対する国民の意識の違いとあるとは思うのです。けれども、程度の問題と言ったら、ちょっと正確ではないかもしれませんけれども、そういう感じがします。

憲法違反が横行しているのは事実でしょう。でもまず、法律違反なら必ず裁かれているかというとそうでもなくて、例えば横断歩道を歩行者が渡ろうとしているのに一時停止しない車が9割を超えていると言われており、だからといって法律で定める3か月以下の懲役を科すという話にはなっていません。また、安倍さんが憲法違反しているとしても、周りの人がそう言っているということであって、別に安倍さんは憲法違反をしていると認めているわけではないのです。為政者が自分で憲法違反をしていると認めたら、それはそこでアウトです。その程度の縛りにはなっていると思います。

集団的自衛権の問題もそうですけれど、例えばイラク戦争のときに、小泉さんがイラクに自衛隊を派遣して、国会で議論になりました。後方支援だって戦争行為ではないかということで相当追い詰めたと思います。その際に小泉さんがおっしゃったのをいまでもよく覚えていますけど、自分は日本の総理大臣だから、憲法上そう認めることはできないということでした。本当は後方支援も戦争行為だと思っていて、憲法違反だと分かっていても、やはり総理大臣としては言えない。そういう点では総理大臣というのは、憲法に違反してはならないという、その程度の規範としては機能しているわけです。

もちろんそれは実際上、憲法についての常識からは、要するに立憲主義からは、相当外れています。ですから、それを批判するのは自由であって、批判されなければなりません。伊藤先生もおっしゃいましたけど、立憲主義がこの間議論になって、やはり憲法は規範だよね、守らせなければならないよねという世論が強まったことは私は大事なことだと思います。

では、立憲主義というのが確立すれば、多少でも戦争をしない、海外で悪い戦争をしないというふうになるのかというと、私は、これはあまり直接の関係はないと思っているのです。なぜかと言うと、先ほどイギリスは立憲主義の国だと言われましたけども、そのイギリスがイラク戦争とかでアメリカに一番協力をして付き従ったわけではないですか。立憲主義が確立したって、立憲主義に基づいて戦争をするということはあるわけです。フランスだってアメリカだって、立憲主義の国だと言われていて、確かにそうだと思いますが、そういう国が国連憲章に反するような戦争をしているわけです。

伊藤　松竹さん、イギリスには9条がありません。それが大前提です。

松竹　それはその通りです。しかし、その国が戦争をするかしないかというのは、立憲主義ということと直接の関係はないのです。

伊藤　立憲主義そのものとは直接には関係なく、憲法による規制内容の問題です。

松竹　だから、やはり、本当にわれわれがめざさなければならないのは、海外でそういう違法な戦争をしないという、そういう国家の姿勢が確立して、国民がそこで団結できるかということです。それが一番大事なことであって、そこを守ろうとしたら、結局、私が事前の寄稿で述べたことになるのですけれど、どうやってちゃんとした防衛政策をやはり確立できるのかというところに力を集中しなければ駄目だと思っているということです。

§個別的自衛権と集団的自衛権

司会　伊勢﨑さん先にどうぞ。その後、山尾さんお願いします。

伊勢﨑　すみません。僕は国際政治の人間ですから、皆さんとは畑違いで、ちょっと浮いた存在なことを承知で言うのですが、お3人が言われていること、非常に違和感があるのです。それはなにかと言うと、いま伊藤さんがおっしゃいましたけれども、９条は個別的自衛権を認めていませんよね。

伊藤　認めていません。

伊勢﨑　認めていないですよね。僕もそう思います。だから、自衛隊の存在というのは、絶対に違憲だと思うのです。それどころか自衛隊に限らず、国内か国外が曖昧なところに出動できる全ての実力組織、警察組織すら否定していると思います。これが９条です。個別的自衛権をわれわれは持てないのです。でも、それを持てることを前提として、集団的自衛権だけがいけないという議論をしている。これはおかしい。

ドイツなどでは、まったく反対の議論をしています。みずからの判断で軍を外に出すということを厳禁した。かわりに、ＮＡＴＯという集団防衛もしくは、国連の集団安全保障に、その決定を委ねる。つまり、集団の判断の方が個人

の判断より客観性がある、という考えをとるわけです。これは、個人の判断を集団に埋没させるという意味では全くありません。逆です。集団の判断にも最終的に個人の判断がノーと言える個人性と集団性の関係なのです。

僕ら国際政治で生きる人間は、日本の議論とはまったく逆の感覚なのです。つまり、個別的自衛権のほうが怖いのです。戦後に起こった戦争で一番大きくて罪深い戦争は、みんな個別的自衛権が開戦の理由です。まあ、アメリカがほとんどですけど。

ともかく、集団的自衛権であれば、攻撃を受けても、応戦する前に一テンポ置けます。相談する相手がいるわけだから。これを当該国だけが個別的に判断してしまうと、本当に反射的にやってしまう。

この感覚から日本人がなぜずれるのかと言うと、たぶん考えずに済んだからでしょうね。なぜ済んだかと言うと、アメリカ。われわれはアメリカの保護国だからですよ。

日本ではよく、同盟、同盟、同盟と簡単に言うでしょう。

司会　「日米同盟」ですか。

伊勢﨑　「日米同盟」はさて置き、NATOもそうですが本来同盟というのは、当たり前ですが、「主権国家」の集まりなのです。同盟というのは、たとえアメリカの軍事力を体内に置いていても、その出撃に「ノー」とアメリカに言える関係を言うのです。

日本はどうですか。「朝鮮国連軍地位協定」を皆さんご存じですか。これと「日米地位協定」は連動しているのですよ。米朝が開戦したら、前者が発動し、それと連動する後者で在日米軍基地の主権を放棄している日本は、自動的にアメリカと一緒の「交戦国」になるのです。これは戦後ずっと変わらず今日に至ります。

9条が許すか否かの議論以前に、日本には最初から個別的自衛権はないのです。つまり、日本の国土を使ってアメリカが開戦する戦争からみずからを守る権利がないのです。アメリカの軍事を体内に置く同盟国は数あれど、国防の観点からアメリカの開戦にノーと言えない国は日本と韓国です。主権なき平和国家。これが日本です。

非武装中立なんて簡単に言わないでください。国際法には「中立法規」というのがあります。中立であることはすごく真剣で難しいことなのです。「基地を置かせない」、「通過させない」、「金を出さない」の3点セット。そこまでしないと他人の交戦から中立になれないのです。

日本はそれら全てをやっていない。それどころか、アメリカを体内に置く同盟国は数あれど、最も従属的な地位協定を、世界で唯一こんな長い期間にわたって変えずにいる。戦後60年間、ずっとです。われわれは「息を吸っているだけでアメリカと一緒の交戦国」なのです。

ただ、そのアメリカがあまりにも最強だったおかげで、仮想敵国のソ連の目の前にいながら、そしていまは中国の目の前にいながら、これを考えずに済んだのです。

それがいま、戦後初めて考えざるを得ない場面に直面しているのです。トランプの出現です。開戦をツイッターで口にする大統領が現れた。日本がアメリカの戦争の戦場になる可能性を気付かせてくれる大統領の出現です。

〝自動交戦国〟としての日本は、ベトナム戦争の時もそうでしたが、ベトコンの弾は日本に飛んで来ませんでした。彼らの弾に日本に届く能力はなかったから。ソ連だって、その顔が向いていたのはヨーロッパの方でしたから。イラク戦もアフガン戦も日本からアメリカの海兵隊が飛び立ちましたよね。

伊藤　横須賀からもね。

伊勢﨑　沖縄からも。

でも、ムジャヒディンの弾は日本に届く能力がなかった。いま、戦後初めて、弾が十分に届く北朝鮮の恐怖を味わっているわけです。その恐怖を十二分に利用して日本に武器を買わせるのがトランプであり、そこへの追従を国内政治の求心力とする安倍政権なのです。

われわれはいま、戦後初めて訪れた試練の真っ只中にいるということです。

アメリカを体内に置く「自衛」とは一体なんなのか。「国際法の自衛」と「9条の自衛」とは何なのか。その乖離の中で、9条が掲げる「理想」と「現実」の乖離をどう扱えばいいのか。いままで考えずに済んだ「乖離」を、いま考えなければいけません。

§集団的自衛権のリスク

司会　どうぞ、山尾さん。

山尾　いまのお3方の話を聞いて、二つ思ったことがあります。一つは、伊藤先生からお話があったことですが、メリットとデメリットということです。

私もいま、ずっと考えていたのですけど、やはり9条が象徴する現実と理想のギャップというものですね。言葉を換えれば、違憲的状態の放置と言うか、維持と言うか、暗黙に了解すると言うか、そういう状況というのは、日本の国民が、日本の憲法に対する規範力をどう考えるかという点で、その力をものすごく弱めていると思うのです。

教育は大事だと思います。もっともっと憲法教育はするべきだと私も思います。ただ、いまのままの状態で小学校や中学校や高校で、どういうふうにこれを教えればいいのかということを考えたときに、先生は困ってしまうわけです。

ここに9条があるわけですが、そこでは本来であれば個別的自衛権すら認められません。自衛隊すら認められない。それが自然な考え方なのです。しかし、日本には自衛隊があり、そして個別的自衛権までは認められるとこれまでは解釈してきたけれども、現在に至っては集団的自衛権まで認められている。そして、現実としては、「交戦権主体」としか言いようがない南スーダンのPKOへの自衛隊派遣とか、あるいはイラク戦争で武装した米軍を空輸するとかやってきた。実際に9条がありながら、じりじり違憲の疑いのある存在の自衛隊がやるべきこと、やれることをどんどん広げてきた。

これをどう子どもに教えていくのかということです。この現実を教えたときに、憲法はどういう規範として、子どもたちや学生に捉えられるのかなと思うのです。

一方で、私がさっき話した女性のような問題があります。現実を放置するということになると、憲法違反はいままでもずっと起きてきた。これからも起きていく。でもそれをいまのところ変えないという方にいったときに、憲法の規範力は日本の中で、むしろ逆方向に弱まり続け、無意識の存在になっていくということもあるのかなと思ったことがあります。

もう一つは、伊勢崎さんから提起された問題です。個別的自衛権が危ないのだというお話は、私は前にも聞いたことがあります。それは分かります。個別的自衛権の名の下に侵略戦争もいっぱい行われているということです。

この問題では、私は9条の解釈論から、まずいったん離れて、本気でちょっと国民的に議論をしたほうがいいと思うのです。この国は本当に個別的自衛権に限るのか、集団的自衛権まで一部認めるのか、もしかしたら場合によっては非武装中立を唱える人もいるかもしれない。でも、本気でこの議論をやったことは日本ではあまりないです。私はそれをやった方がいいと思う。

その上で、私の政策的ないまの考えは、伊勢崎さんのおっしゃっていることは分かりつつも、いまの日本の国際状況や、これまでの歴史的過程からみると、個別的自衛権の名の下に侵略戦争に打って出る日本というリスクよりは、集団的自衛権の名の下にトランプの戦争に巻き込まれていくリスクの方がかなり高いと思うということです。ですから、個別的自衛権に限った方が、まさにメリット、デメリット論の中で、国益にかなうのではないかと私は思っています。

私は、国民の総意の割と大きな範囲はここに来るのではないかと勝手に思っているのです。そして、もしそこで一定の国民の合意が取れるなら、その中心的な哲学の部分だけは、憲法に国民の意思で埋め込んでいく。そういう順番が正しいと思います。

§集団的自衛権はマシだったか

松竹　伊勢﨑さんがおっしゃった問題のなかで、個別的自衛権が、侵略の隠れ蓑のようなものだったというのはその通りです。だから個別的自衛権だったら何でも無条件に信頼するみたいな、そういう議論が成り立たないというのは当然のことだと思うのです。本当に気を付けていかなければならない。

一方、じゃあ集団的自衛権が少しはマシだったかというと、そんなことはありません。戦後、集団的自衛権の名で戦われた戦争のなかで、多少でも自衛の要素があった戦争は皆無だと思います。

他方、ある国が個別的自衛権を理由にして、例えばどこかを侵略します。それは自衛権の発動ではなく侵略なのですが、でも、その侵略された国にとってみれば、それはまさに本当に個別的自衛権を発動して、自分の国を守らなければならない事態だということになる。

だから個別的自衛権そのものはやはり否定されてはならないと思います。侵略の数だけ自衛する必要性も生まれてくるので、一般論として、個別的自衛権そのものがおかしいということではないと思うのです。

　ただ同時に、そういう抽象的な話ではなくて、伊勢崎さんがおっしゃっているように、いま現実に目の前で進行している問題、例えば朝鮮半島の問題がどうなるのかというところを私たちはどうするのかということです。先ほど非武装中立が駄目だと伊勢崎さんがおっしゃいましたけども、日本がここで中立を保とうとしたら、例えば、アメリカが出動をしようとするときにどうするのかということです。昔は中立義務というのは、本当に大変なことだと理解されていました。だって中立を保とうとすれば、日本を舞台にアメリカが何かをやろうとしたら、それをやめさせないと駄目なのです。そうではないと中立にはならないです。

　そこからは米軍を止めるだけの実力組織を持たなければ中立は保てないのではないかという議論さえありました。実は、それぐらい中立と非武装というのは、以前は相いれないと思われていた。中立的に守るためには武装が必要だぐらいのことが言われていた時期があるわけです。

　いまはそれだけではないという考え方もあります。しかし、このままでわれわれがアメリカが北朝鮮を攻撃するのを見過ごしてしまえば、結局、日本は交戦国になってしまう。そして報復されるというのは当然の流れになってくるわけです。

　だから本当に、われわれがいま考えなければならないのは、リアルな問題だと思うのです。では、そういう日本が、北朝鮮のアメリカの戦争に巻き込まれないと、ちゃんとそこで外交をしてやっていくという議論をするときに、憲法を変えないとそういう議論はできないということではないと私は思うのです。いままさに目の前にある、そういう問題をどう解決するべきかという議論が私はやはり一番大事だと、ずっと同じことを言っているのですけど。

§自衛隊と国際法をめぐる議論のあり方

伊勢﨑　はい。

山尾　ちょっといいですか。あ、どうぞ。

司会　どちらでも。では、伊勢﨑さん。ちょっとコンパクトにお願いします。

伊勢﨑　いま、目の前にある安全保障の現実への対処に、憲法を変えるか否かの話ですね。その議論のベースとして、激変する世界の安全保障の状況を何とか統制しようとしてきた国際法の話を少し。いわゆる「開戦法規」と「交戦法規」という戦争に関わる慣習国際法のレジームです。「交戦法規」は常に進化しています。特に「使っちゃいけない武器」は技術の進歩に追いつくのがやっとです。

その中の「ジュネーブ諸条約」も追加の議定書というかたちで発展しています。交戦法規を守らせる主体は、昔は国家でした。しかし、内戦の時代になって、国家間の戦争と同じ規模の人道危機を招くようになって、いわゆる非国家主体、日本の広域暴力団みたいなものにもルールを守らせなければならなくなってくる。ということで、国際法上の交戦主体を非国家主体まで広げる考え方になってきた。

はっきり申しますと、自衛隊vs国際法という議論の立て方は時代遅れなのです。常備軍がなくても、国家は国際人道法を守らなければならないのです。常備軍を持っていない国、例えばコスタリカだって、戦争犯罪を扱う法体系と法廷を持っているのです。常備軍があるなしじゃない。憲法が軍隊を否定しているかどうかじゃない。それを警察と言おうが、義勇軍であろうが、皆さんが竹やりを持って戦おうが、交戦法規、つまり国際人道法の統制を受けるのです。そして、その国際法違反を犯したときに、それを一義的に審理する責任が国家にあるのです。

その責任能力を「主権」と言うのです。主権というと、皆さんは国内で国家が何でも決められることだと考えるでしょうが、それだけではないのです。それはある意味、内向きの主権で、国際関係においては、自分が犯した戦争犯罪を一義的に律する責任能力を言うのです。

伊藤　責任を取るため。

伊勢﨑　そうです。

司会　山尾さんどうぞ。

§憲法事項と法律事項と

山尾　ちょっと短く。

いま、松竹さんのお話がありましたが、私は憲法改正の議論をしないと、安全保障の現実的な議論はできないとは思いません。だから、順番としてはさっき言ったように、やはりこの国が非武装中立という路線を取るのか、あるいは個別的自衛権は認めるのか、あるいは集団的自衛権にまで踏み込むのか、あるいはその他の選択肢はあり得るのか、これはしっかり議論したらいいと思います。仮に非武装中立という国民的な合意ができるなら、これはもしかしたら憲法を変える必要はないかもしれないです。

でも、それ以外の選択肢で合意する場合は、本来であれば、やはり「憲法」を変えるという話になっていくのです。そのときにもう一つ考えなければいけないのは、自衛権の範囲を憲法で書くべきなのか、法律事項でいいのかということです。この論点もあるのです。

私は、個別的自衛権に限るという核心部分は、憲法に書いた方がいいと思っています。けれど、自衛権の範囲というのは憲法事項ではないのだ、そのときそのときの国際情勢と政権の考え方にもとづき、法律で決めていけばいいのだという考え方もあります。憲法でやらないといけないのは、むしろ、そういう自衛権を国会の事前承認でどうやって統制するかとか、あるいは裁判所の関係をどうするかとか、内閣の指揮命令権をどうするかとか、そういう意味の手続き的な統制は「憲法」で書くべきだという考え方です。

多くの国は自衛権の範囲を憲法で区切るということは、たぶんそんなにしていないです。フェアに言うと、していないのです、あんまり。

でも私は、日本においては、自衛権の範囲は個別的自衛権に限り専守防衛を貫くことを憲法事項として将来世代まで引き継いでいく、この哲学自体は、国民の中にすごく浸透しているし、生きていると思います。そして、憲法制定当時とはまったく別の国際状況だけれども、いまもなおこの哲学を貫く方がは国際平和に貢献できると思っているので、私は憲法事項で示した方がいいのではないかと思っているのです。そのことについても、いろんな考え方があると思うということだけお伝えしようと思います。

二、日本が人道法違反を犯すことへの対処は

伊勢﨑　伊藤さんに伺いたいことがあります。

9条というのは、第2項も含めて一つの「理想」であり、それは僕も大切に思っています。それを鑑みた場合、やはり「護憲」には価値があると。それも理解できます。しかし「現実」はどうするのか。でも僕は、理想vs現実という話ではないと思うのです。両方を直視しなければならない。どちらがどちらを優先、という話ではないと思うのです。現実は現実として存在しているのですから。しかも、「護憲」で扱わなければならない現実は、一つの社会の中で突出した殺傷能力の独占を許された職務集団のことなのです。その存在の「現実」は「理想」のために無視もしくは妥協できるシロモノではないのです。危な過ぎて。

伊藤さんを前に釈迦に説法で恐縮ですが、国際法というのは、ある国家がある「理想」を掲げているから、それを理由に、その国家に国際法が必要とする要件を免除、もしくはその要件の履行を執行猶予するという考え方はとりません。もちろん、国際法はそれを批准しない、一部を留保するというオプションがあります。ここで言う国際法は武力の行使にかかわる慣習法という人類の平和への葛藤の歴史ですし、日本をまだ「旧敵国」と〝位置付けてくれている〟国連憲章も

ありますから、戦後いままでそうであったように、日本には9条にかかわらず、国際法を誰よりも遵守しなければいけない必然性があります。そして「現実」は目まぐるしく変化しています。「交戦権」の問題です。「交戦」する。あたり前ですが、この前提で法治国家は軍隊を保持します。軍隊があれば「交戦」は殺傷と破壊を引き起こす。国際法の法理はこう前提します。その殺傷と破壊を最小限にする、そして交戦そのものをなくす努力を人類はずっと重ねている。その結晶が、武力の行使の言い訳を制限する「開戦法規」であり、開戦してしまった交戦の中でやっちゃいけないことを定める「交戦法規」。現代では、前者が国連憲章第51条であり、後者が国際人道法です。

日本の場合、歴代の政府は、「自衛のための戦争はする」としています。つまり「戦いを交えること（＝交戦）を想定してきました。けれども、「日本の交戦は国際法でいう殺傷と破壊は引き起こさない」としてきました。繰り返します。自衛隊は「交戦」するけど、その結果起こるであろう殺傷と破壊を想定外にしているのです。

これはあり得ないはずです。戦いを交えるから殺傷と破壊が起き、それを国際法が統制しようとするわけで、それを想定外にしたら「無法国家」になってしまいます。

国際司法には限界があります。何が国際法違反かということを定義し、合意するまではやりますが、その違反に対して強制力をもって裁き罰する能力はありません。国際司法裁判所や国際刑事裁判所など国際法廷をつくる努力はあり､明らかに人類はその方向へ進歩していますけれども、国内法のようにきめ細かい強制力を持つ国際司法の実現は、まだ見果てぬ夢です。ですから、国際法違反はその一義的な審理を各主権国家に委ねられているのです。これが慣習法としての交戦法規＝国際人道法です。

ところが日本だけが、殺傷と破壊に関するこの国際人道法の違反を裁く法体系を持っていないのです。海外派兵しなければいい、という問題ではありません。殺傷と破壊は、防衛出動でも起こるのです。そうです。尖閣みたいなところへの出動です。日本人はあれを国内だと思っていますが、中国もそう思っている、国際的には「係争地」なのです。そういうところで衝突、交戦になり、もし自衛隊の撃った大砲の弾が、中国がそう見せかけた民間漁船に当たったら、絶対に中国は国際人道法違反つまり戦争犯罪として外交問題にするでしょう。

護憲の理論家たちには、国際法より憲法が上位だとかという議論をする人がいますが、そういう問題ではない。国内か国外が曖昧なところで交戦して外交問題になったら、その裁定は国際法をベースに行われるわけです。日本国憲法ではない。

防衛出動というのは、２０１５年の安保法制があるなしにかかわらず、それ以前からの法律で可能なのです。安保法制が廃止されれば避けられるというものではない。防衛出動をできる職能集団、自衛隊をわれわれが持っている限り、この問題は避けて通れません。

§国際法の二つのルール

伊藤　少し皆さまには分かりにくいところがあったかもしれませんが、いまの伊勢崎さんのご指摘は本当にそのとおりです。

いままでの政府の解釈では、個別的自衛権の行使は許すとされています。その武力の行使、具体的には人を殺傷すること、もっと分かりやすく言えば人を殺すことなのですが、その武力の行使というのができる。それを個別的自衛権の行使として認めますよという解釈がなされているわけです。

普通の国家では、国の意思として戦闘行為を行ったときに、武力を行使し、そして敵の兵隊さんを殺してしまっても許されることになっています。でも、そのときに、やってはいけないことが決まっています。それが先ほど伊勢崎さんが言及したさまざまな「交戦法規」、「交戦規定」なのです。

国際法の世界では、二つのルールがあります。一つは、戦争を始めるきっかけ、どういうときに始めていいのですかというような、いわば開戦のためのルールです。それから二つ目は、始まったあとの話ですが、どういうやり方で戦争を遂行するのですかというものです。昔と違って何でもありだよというわけにはいかない。一定のルールの下でやろう——これも変な言い方になりますが——、人殺しも優しくやろうねという話なのです。そして、兵隊さんが過失で民間人を殺してしまったときにどうするかというルールをちゃんと国内で決める、そして国内法の範囲で罰することになるわけです。

日本は戦争を始めませんと言っています。いまの政府でも、侵略のためであれ自衛のためであれ戦争は一切しない。それが9条の解釈だということは、はっきり言っているわけです。

しかし「自衛戦争も含めて一切の戦争を放棄しています」と言いながら、一方で、9条の外で、個別的自衛権というものを認めてきたわけです。その結果、「個別的自衛権の行使ですから」と言って人を殺傷するのです。しかし、それは戦争ではないとされてきたものだから、これまで日本は「交戦規定」を置いてきませんでした。個別的自衛権の行使として民間人をもし殺してしまったらどう裁くのですかということについて、何も考えずにきてしまっています。

そうなってしまうのは、個別的自衛権の行使は許されると解釈をしているからです。個別的自衛権の行使として人を殺傷することも許すということを言っておきながら、戦争ではないということで、実際に自衛官の方が人を殺傷したときに、それをどうするのですかということが空白になってしまっています。

それは海外に出掛けて行ったときも同じです。ＰＫＯに派遣される場合も、ジブチに行っている自衛隊でも同じことです。戦争はしていません、交戦権は認めていませんから、交戦にともなう義務まで負わないようなことになっている。このように、とんでもない話になっています。

だから私は、個別的自衛権の行使を認めるべきではないと考えるのです。もし個別的自衛権の行使を憲法に明記するのなら、当然その限度で交戦に関する規定も必要になる。山尾さんもそういう立場ですよね。

山尾　はい。

伊藤　そこまで考えないと本当はおかしい。でもそれは、国家が正面から正しい人殺しを認めるということを意味します。ですから、そこを含めて国民的な議論をしっかり行わないと、やはりまずいと思います。

私は、個別的自衛権もいまの「憲法」では認めるべきではないと考えています。けれども、個別的自衛権の行使で人を殺傷するということが事実としてあるわけですから、そこは法律などで対応しないとおかしい。

まず、自衛隊の海外派兵は認めない。人を殺す危険性があるようなところから、自衛隊はとにかくすぐに引き戻す。しかし一方で、仮に自衛官が人を殺傷するような行為があれば、日本の領土内ならば辛うじて「刑法」を適用することができます。

そのため、ぎりぎり刑法の国外犯規定の改正か、自衛隊法の中に「特別罰則規定」を入れるとか、まずは何らかの対応をきちんとするべきであろうと考えています。

なので、伊勢崎さんと少し違うところはありますが、そこまでは何とか対応をしなくてはいけないというところまでは同じです。そして、その対応をするための方法として、私は改憲にいく前のところで、まずそういう法整備をちゃんとするなり、自衛隊を引き戻すなり、しなくてはいけないという考えです。

§将来の自衛隊廃止と現時点での「特別刑法」

司会　そうすると、ちょっと私から質問なのですけれど、松竹さんのお立場は、憲法を変えずに自衛隊を法的にちゃんと位置付けることが可能だと。そういうお立場だと私には思えていて、憲法には手を触れないことだけが伊勢﨑さんと違うところだと私には見えていました。そして、伊藤先生もいま「特別刑法」を設けるとおっしゃっているということは、伊藤先生も現行憲法のもとでそれが可能だというお立場だということでしょうか。

伊藤　いや、自衛隊は憲法違反です。

司会　憲法違反のもののために「特別刑法」をつくるというのは、ちょっと奇異に聞こえる。

伊藤　いまでも「自衛隊法」があります。私は自衛隊の存在を憲法違反だと一市民の立場で主張しているのです。そのことと、いま現実にある自衛隊をどうコントロールするかとはまったく別の話です。

司会　個人的信条とは別にということですね。

伊藤　そうです。例えば、私は死刑反対論者です。ですが、私が裁判官になったとすれば、法に従って裁判をしなくてはなりませんので、10人も殺したというならその被告人を死刑にすることはありえます。あくまで裁判官としてその立場で判断をするわけですから、これは理屈の上では両立することです。

憲法論的に言えば、個人の主観的良心と職務上の客観的良心とを区別するということです。ですから、立場によってそれは、違って当たり前のことです。

司会　伊藤先生に伺うのは心苦しいのですけど、「特別刑法」というような個人的信条とは反するものを、どうやって了解できるのでしょうか。

伊藤　全く反しません。自衛隊は憲法違反の存在です。私は将来的には災害救助隊だとか、せいぜい国境警備隊に改組していくべきだろうと思っています。

ですが、いま現存するわけです。武力行使ができるという法律もあるわけです。そうであるなら、その現実の存在を暴走させないように、いかに歯止めを掛けていくのかという努力を重ねていかないと駄目ではないですかということです。100年後に自衛隊の解消を目指しているので、いまは何もしませんというのでは、かえって無責任だと思います。

ですから、自衛隊が将来こうあるべきだという話とは別に、現実にいまある自衛隊をどうコントロールしていくのか。そして国際法上、一応まともな国になるためには、何かをしないといけないでしょう。そのための法整備はすべきだと思います。

それと先ほど伊勢崎さんが、「われわれは息を吸っているだけで交戦国となっている」と言われました。このフレーズを使わせてもらっていいですか。

伊勢﨑　はい。もちろん（笑）。

§交戦国となることを前提に

伊藤　この言葉、本当にその通りだと思います。伊勢崎さんと時々こうやってシンポジウムをご一緒させていただくと、いろいろ勉強になります。先ほどのような様々なフレーズを言ってくれるものだから、参考にして、これから広めていこうと思います。

ベトナム戦争のときも、やはりＢ52が沖縄から飛び立って行って、枯れ葉剤を巻き散らしてきました。私は時々ベトナムに行きますが、その際、いまだにベトナムの方に「沖縄は悪魔の島だ、あそこから飛び立ったやつらがこんなひどいことをしていった」と言われることがあります。

アフガニスタン戦争、イラクの戦争も同じです。先ほどお話があったように、日本から米軍機が盛んに飛んで行ったし、横須賀からも出動しました。完全に日本は交戦国になっているわけです。日米安保条約があり、中立なんてあり得ない状態に、日本はいまなってしまっているわけです。

砂川事件の判決がありました。あれは統治行為論を採用しているから、安保条約についての合憲性を裁判所が判断を避けたと理解されている方が多いですが、避けてはいません。合憲と判断しています。「一見極めて明確に違憲無効であると認められない限りは、裁判所は判断しません」

という規範を立てて、「一見極めて明白に違憲無効であるとは言えない」という判断をしているのですから、避けてはいないのです。

故にその後の最高裁の全ての判決においては、例えば沖縄の「代理署名訴訟」や「象のオリ」訴訟も含めてですが、安保条約は合憲であることを前提に以下判断するということがはっきりと書かれています。自衛隊については、最高裁は合憲、違憲の判断はしていませんけれども、安保条約については違うのです。

やはりそういうかたちで、個別的自衛権の行使や「安保条約」だとかも合憲として、いわばアメリカの軍事戦略に日本は完全に取り込まれてしまっているわけです。

個別的自衛権といっても、このような状況の中でのものですから、それがどういう意味を持つのかということを考えなければならない。集団的自衛権はもとより、個別的自衛権についてもかなり慎重に考えていかないといけないと思っています。

松竹　伊勢崎さんが常備軍がなくても国際人道法を守る法体系が必要だとおっしゃいましたが、それは私はすごく大事だと思うのです。コスタリカだって、常備軍を持たないと憲法で決めて、実際に持っていないわけです。しかし、国際人道法違反を罰するルールは持っているわけです。

これは一見矛盾するように聞こえるかもしれないけれど、全然矛盾しないと思うのです。自分が憲法で常備軍を持たないということを決めたって、それで戦争から逃れられるわけではありません。その国家意思とは関係なく、何か戦争に巻き込まれざるを得ない状況はありうるわけです。そのときはやはり交戦法規に縛られるというのは、これは当たり前のことなのです。

だからそういう点では、私は９条があるかないかということと、日本が国際人道法違反を罰するための法体系を持つかどうかというのは別の問題だと思うのです。９条があっても持たなければならない。

それで、伊藤さんも先ほど「特別刑法」というお話をされました。私もジブチなども含めて、海外に武装した自衛隊が行って、特別法廷が必要になるという事態は前提にすべきではないと思います。しかし、あくまで私の場合、自衛隊法で防衛出動の際は武力の行使が認められているという、その範囲内のことですけども、そこでの交戦を肯定した立法措置は私は必要だと思っております。

§国際法との齟齬を放置してきた日本

司会　伊勢﨑さん、ぜひお願いします。

伊勢崎　松竹さん、それを15年前に言うべきだったのです。本当にそう思います。もう遅いですよ。この15年間の間に、小泉政権の二つの自衛隊派兵。アフガニスタン戦のNATOの下部作戦であるインド洋給油作戦。そしてイラクへの陸自派遣。その後の民主党政権も、です。

山尾　うん。南スーダンですね。

伊勢崎　はい。それとジブチも。そこから考えはじめたのです。なぜ日本人は、国際法の中でも戦争に関わる最も真剣な国際法との齟齬問題を、なんでこんなに見事にスルーできちゃうのだろうかと。僭越ですが壇上の皆さんも含めてです。

そこで僕自身の経験と合わせて、日本人の意識のスルーの原因を考えてみました。ちなみに僕は、国をゼロからつくる、すなわち憲法をゼロからつくるという現場に2度立ち合っています。東ティモールとアフガニスタンです。

だいたい、「戦後の憲法」というのは焦ってつくるのです。そして運用されると色々な齟齬が出てくるので短期間で修正する国民的議論がなされます。そうした現代の立憲作業は、国連を中心に世界から高度な専門家と知見を集めますので、日本の戦後憲法に比べたらずっと質が高いものになるはずですが、それでも修正の必要性がでてくるわけです。

9条2項は、やはりおかしいです。英語原文の「right of belligerency of the state」にあたる「交戦権」。僕は、これが戦後日本の憲法をめぐる議論が混乱する原点だと思います。

「交戦する権利」は、国際法上、そもそも存在しません。交戦法規が「戦時国際法」と呼ばれていた戦前から、特にパリ不戦条約から、交戦する権利、つまり権利としての戦争なんて、もう誰もできない。許された武力行使は全て「自衛」です。国連憲章ができてから概念化された集団安全保障以外は。

国連憲章の英文ＰＤＦで「war」というキーワードを入れてみてください。「war」は、われわれ日本を「旧敵国」と位置付けるあの過去の〝侵略戦争〟のコンテクストを語る条文でしか出てきません。国連加盟国に国連憲章が許すのは「自衛」と「集団安全保障」だけであり、それ以外の口実でやる武力行使は「侵略行為」として厳禁されているのです。交戦権は、もう当たり前過ぎて、わざわざ宣言するまでもない厳禁事項なのです。

９条によって、日本は何かみんなが当たり前に持っている権利を敢えて放棄しているのだからエラい、みたいな「恍惚感」を日本人、特に護憲派にもたらしているのではないでしょうか。別に宣言するまでのことではないのに。

一方で、その恍惚感は、日本人に大切なことを忘却させている。交戦は権利ではなく、〝義務〟に縛られているということを、です。結果、国際法が自衛のために交戦国となる法治かつ主権国家に要求する義務から日本は免責される、というとんでもない日本独自の「憲法解釈」が生まれた。

　僕は9条2項を欠陥条項だと思います。それは、2項をなくして交戦をやりやすくしたいからではありません。まったく逆です。交戦にともなって法治国家が果たさなければならない国際人道法上の義務をまずしっかり認識し、かつ日本独自の非戦観に基づいたより厳格な制約を憲法に明記するためであります。

　9条2項をこのままにしておくわけにはいきません。交戦権という概念は国際法にはない。それは認めてください。

§9条2項をどうするのか

伊藤　たしかに国際法上の概念としては交戦権というのはありません。そのため日本の政府は、交戦権というのを、敵国兵士を殺傷したり、敵の軍事施設を破壊したりする権利という、独自の意味合いとして解釈をしています。外へ行って兵士を殺傷したりする、そういう権限は国家としては持ちませんという意味だと、憲法の国内法的な解釈ではしているわけです。
　ですが、伊勢崎さんが以前からご指摘のとおり、外から見たらこのような使い分けは理解されませんし、言い訳にもなりません。ですから、本当にきちんとした対応をしなければ、まともな主権国家、独立国家としては認められず、国家としての責任を果たしたことにはならないと思うのです。

ただ、憲法は、国内法として国家権力を制限します。その意味で、私は9条2項というのは極めて重要であり、対外的な国際法上の交戦概念、交戦規定との折り合いは、きちんと条約なり、また国内法で整備をして対応していくべきと考えます。

国内において国家権力を制限していくという、国内法としての最高法規の憲法の役割としての9条2項、その存在意義は極めて重要だと考えています。ここは少し違うと思います。

伊勢﨑　あのですね、けんかを吹っかけるわけではまったくないのですが、9条2項がこのままだと、この9条2項を維持するために歴代の政府がやってきた、とんでもない「憲法解釈」がそのまま続くのです。お分かりですよね？

政府が、自衛隊が直面する現実と国際法をどういうふうに「解釈」してきたか。有名な文章があるでしょう。9条が許すとする自衛権と国際法の「交戦」の考え方を示した公式の見解があるのです。皆さんこれをご存じですか。

伊藤　『防衛白書』に載っているのではないですか？

伊勢﨑　はい。一番簡単なのは防衛省のホームページです。ここを訪れて「交戦権」とキーワードを入れてください。そうしたら、「憲法と自衛隊」のページが参照され、そこの一番下の「交戦権」の項で、この文章が出てきます。読み上げますよ。

司会　どうぞ。

伊勢﨑　９条２項でいう交戦権とは、「戦いを交える権利という意味ではなく、交戦国が国際法上有する諸処の権利の総称であって、相手国兵力の殺傷および破壊、相手国の領土の占領などの権能を含むものです」。つまり、９条２項が否定する交戦権は「戦いを交える」という意味ではない、つまり９条２項でも「戦いを交える」と日本政府は言っているのです。自衛隊は「交戦」できると言っているのです。

伊藤　その通りです。

伊勢﨑　交戦はするけど、国際法上の殺傷と破壊はしないということになっている。分かりますか。これが「解釈」なのです。

伊藤　そのあとも面白いですよね。

伊勢﨑　はい。そのあとも面白い。

伊藤　その後は、殺傷は交戦権ではなくて、自衛のために日本独自の理屈で殺傷ができてしまうという話になっています。

山尾　でも、これは確か、以前の内閣法制局長官の答弁だと思うのですけど、要するに、交戦権という名前は使わないけれども、殺傷もできるし、破壊もできる。交戦権の一部を使うことができる。われわれはそれを交戦権とは呼ばないけれども、交戦権の一部を使うことはできるので、制約された交戦権と言っても、いわば差し支えない。こういうことを言っているわけなのです。

伊勢﨑　はい。「外見上は同じ殺傷と破壊であっても」違う、という。その根拠が、自衛隊は「必要最小限の実力」の行使だから、ということなのです。ところが、必要最小限なんていうのは、国際法はまったく問題にしていない。最小限であろうとなかろうと、交戦法規を守らなければならない。

伊藤　竹やり一本でも。

伊勢﨑　そうです。竹やりで戦っても同じなのです。例えば、僕が建国に関わった東ティモールなんて、国軍が3000人ですよ。それも当初は陸軍だけ。それも自動小銃しか持っていない。では軍隊ではないのですかという話になってしまう。規模がどうあれ、どんな武器を使おうと、その使われ方を国際法の交戦法規は問題にするのです。何か日本だけの特別な控えめな殺傷と破壊がある、と政府は言ってきた。それを、交戦法規をフルに遵守するための法体系をつくらない言い訳としてきたわけです。

松竹　まあ、この政府解釈で日本が絶対にやってはいけないと言っているのは、占領行政ということですね。そこだけに線引きをして、日本国内周辺での殺傷は肯定しているわけです。「わが国が自衛権の行使として相手国兵力の殺傷と破壊を行う場合、外見上は同じ殺傷と破壊であっても、それは交戦権の行使とは別の観念のものです。ただし、相手国の領土の占領などは、自衛のための必要最小限度を超えるものと考えられるので、認められません」という箇所です。人を殺して占領行政までするのはよくないということだと思います。

司会　そうすると9条の特に2項を伊勢﨑さんは、やはりネガティブなものとして捉えている。15年前はともかく、現状ではもうネガティブなものでしかないから、何らかの変更をしないと駄目だと思っていらっしゃる。

逆に、ちょっと山尾さんは分からないのですが、少なくとも松竹さんと伊藤先生は、ちょっとポジティブなものとして9条2項を捉えていらっしゃる気がするのです。

山尾さんもちょっとポジティブに捉えています？

山尾　9条2項の戦力の不保持と交戦権の否認だけども、私は例えば、その個別的自衛権というのをしっかり明記した上で、その個別的自衛権の範囲においては、それは交戦権であり、戦力であるということを認め、その以上の交戦権と戦力は一切認めないという規範として、９条２項の精神を引き継ぐと言うか、よみがえらせることが大事だと考えています。

§９条2項が錯覚を与えてきたのか

司会　リフォームすることで、そういうことが可能だと思っているのが山尾さんですね。松竹さんは？

松竹　いや、だから、国際法的に見て問題があるというのは、伊勢崎さんのおっしゃるとおりなのです。15年前にやっていればとおっしゃいましたが、もっと早くから気付いてやっていればよかったと思います。

けれども、誰も気付いていなかったというわけでもないのです。例えば、私が『改憲的護憲論』という本で、特別裁判所をつくらないでどうやって自衛隊の犯罪を裁くかという問題提起をしておりますけども、それは私が最近、突然に伊勢崎さんに言われて思いついて書いたということではありません。２００３年のイラク戦争のときに、自衛隊の海外派兵の違憲訴訟をやっていた北海道の弁護士がいるのですけども、彼などはそのころから、やはり専門的な裁判が必要だという問題意識で発言をしていたし、護憲派の中でも全然ゼロだったわけではないのです。

かつ、いま伊藤さんも「特別刑法」が必要だとにおっしゃっている。ということは、そういうことを裁くというある程度の合意が、少なくとも護憲派であってもできているわけだから、私は全然遅くないと思うのです。

伊勢崎　昔の話なら、それはそうでしょう。だって15年前に日本のことにまったく興味のなかった僕を憲法議論に引き入れたのは松竹さんですからね（笑）。松竹さんがいなかったら、絶対に僕は今日ここに座ってなかったはずだし。

さっきの松竹さんの「占領」の話ですね。前掲の政府見解は明確に、相手国兵力の殺傷と破壊と相手国の領土の占領は、見かけは同じでも9条2項がその考慮を免責するものとして同列に扱っています。

国際法は、交戦を権利と見なしていませんし、交戦の結果起きる殺傷と破壊を現実に起こるものとして冷静に直視する。殺傷と破壊を皆無にする理想に向かう中で、そして交戦の形態が目まぐるしく変わる現実の中で、絶対に許すことのできない非人道的なものを排除し、いかにそれを合意するかで、その理想に近づこうとしている。これが、僕がいる国際法の現場なのです。そして、合意した非人道性を戦争犯罪として強制力を持って裁き懲罰する世界システムを人類はまだ持ち得ていない現在、その裁きを、国際法を批准した国家に一義的に託す。これがレジームとしての国際法なのです。繰り返しますが、それを裁ける責任能力が国家主権なのです。これを日本人が感覚的に忌諱する「軍法会議」としてプレゼンするから、９条２項の「解釈」と国際法の齟齬を日本人にスルーさせる一役を買ってしまっている。でも、元凶は、条文としての９条２項の欠陥です。国際法上存在しない「交戦権」の放棄がもたらす恍惚が、国際法上の義務をスルーさせる。そういう錯覚を、われわれに国民に与えてきたのが９条２項なのです。

松竹　いやいや、それはそうなんです。９条２項が錯覚を与えてきたんです。けれども、同時に、それを自覚できなかったのは、日本国民が戦後ずっと、そういう戦争の現場に行くという体験することがなかったこともあるのです。第二次大戦で非人道的なことをやって、その体験者は残っていたけれど、そんな非人道的なことをやってはダメだということで国際法が発展したのに、戦争の現場に行かなかったので気づかなかったのです。

本当は考えなければならなかった。ベトナム戦争のときだって、日本は出撃基地となり交戦国になったのだから、そこで考えなければならなかった。けれども、そこは伊勢崎さんみたいな人が日本人の中で初めて現れて、交戦の現場における体験からそれが大事だと気づいて問題提起をして、それでようやく変わってきたんです。だから遅くなったけれど気づいたんです。いいことじゃないですか。

§後戻りできるのかできないのか

伊勢﨑　いやいや、気づいたことを褒めるには遅過ぎますって。

松竹　いや、そうですよ。伊勢﨑さんの戦争現場体験はとっても貴重なことで、その伊勢﨑さんが言うから、みんな大事だねって思うのです。

伊藤　伊勢﨑さん以外に、いまの時代に戦争の現場で、部下に「殺してこい」っていう命令を出した日本人なんていますか？　でも、そういうことなんですよ。それが戦争の現場での現実であり、戦争をするということ。そのために「戦時国際法」は存在していて、非人道的なことはやっては駄目だという、そういうぎりぎりの選択をしてきたのが伊勢﨑さんなのです。だから、本来ならそんなことまで考えて自衛隊を出したりするべきなのに、交戦に伴う義務も考えないのはおかしいでしょうと、体を張って発言をされてきたわけですよね。

幸い私たちはそういうことを経験しないで、これで幸せだと思ってきた。でも、そこに安住していたことへの反省、猛省はやっぱりしないといけないんだと本当に思います。

司会　残りは一時間なので、伊勢崎さんに一言頂いて、ここでいったん閉めます。

伊勢崎　申し訳ありませんが、もう後戻りはできない段階に日本は入ってしまったと思います。その象徴はジブチ駐留です。日本は「地位協定」の加害国ですよ。それも日米地位協定のアメリカよりもひどい。だって、自衛隊の過失を裁く法体系がないのに、ジブチに裁判権を放棄させているのです。これ、先方は知りませんよ。あまり奇想天外過ぎて。これを非人道な「詐欺」と言わずに何と呼びましょうか。一回の事故です。これだけで、戦後ずっと積み上げてきた「解釈」は一瞬にして崩壊します。

立憲民主党に問わなければなりません。自分たちも責任があるこの自衛隊駐留をいますぐ止めさせる政治力を、野党としてどうやってつくっていくのですか。

司会　山尾さん。

山尾　いまの話を私も伊勢崎さんに教わったので、ちょっと皆さんに通訳します。日本とジブチが地位協定を結んだときの政権は民主党政権です。当時は、森本防衛大臣です。最後、民主党は森本さんに頼ったんです。菅政権のときです。

日本とジブチの間で結んだ地位協定では、要するに、ジブチにいる日本の自衛隊が、例えば民間人を過ちで殺傷した場合に、ジブチの裁判権には一切属さないことになっていたわけです。公務中であれ、公務外であれです。日米地位協定では、公務外の犯罪については曲がりなりにも日本が裁判権を持つ建前はあるわけですが、ジブチでは公務外のものであれ、ジブチには裁判権を認めていないということです。

では、それでどういうことが想定されるのかということです。自衛隊がジブチで犯罪を犯したとして、ジブチに裁判権がないとしても、それは日本側が裁判するということが前提になっているわけです。

ところが現在の日本には、自衛隊であれ誰であれ、国外の過失犯を刑事的に処罰する規定はないんです。そういう状態を前提としながら、自衛隊は公務中であれ公務でないときであれ、ジブチで起こした犯罪についてはジブチの裁判権には属さないという地位協定を結んだ。つまり、自衛官は過失で犯罪を犯しても裁かれないということです。

こういうことを放置しておいたら、日米地位協定のアンフェアさを主張できないじゃないですか。

このあと、どういう話になるかは分かりませんけれど、さっき申し上げたことですが、主権というのは、別に安倍政権に対する国民の主権の問題だけではないんです。外国に対する日本国家の主権がないと、日本がいくら「民主主義国だ」と言って、選挙で安倍総理を選んで、安倍総理を国民的に「憲法」で統制しても、全然違う権力が実は外にあったんだったら、本当の国民主権には全然ならないのです。

そういう対内的な国民的な主権と対外的な国家主権というのは、やっぱりセットじゃないといけません。そうでないと本当の国民の意志が国の政治に反映されないと私は思っています。

三、法律でできることと憲法改正が必要なこと

司会　後半の討論に入ります。まず、事前に参加者から質問が寄せられていますので、それを取り上げます。

最初に伊藤先生です。海上保安庁の取り扱いに関してです。9条2項がこれまで焦点になっていましたけれども、自衛隊を軍隊とあえて言いますけれど、海上保安庁は一応、殺傷する破壊するのが本旨ではないという前提で話すと、軍隊ではない海上保安庁みたいなもので日本を守るのはどう考えるのかという質問です。例えば、陸上保安庁なり、航空保安庁みたいなのをつくって。もしくは、それ以上の対応は海外でも国内でもしないというかたちです。かなり護憲派の中に結

構いらっしゃると思うのですが、それに対してどうお考えになるか。

伊藤　戦後、政府は警察予備隊をつくりました。でも、実際には軍隊だったわけですから、名称は関係ありません。海上保安庁と呼ぼうが、沿岸警備隊（Coast Guard）と呼ぼうが、自衛隊（Self Defense Forces）と呼ぼうが、敵の兵隊さんを殺傷するようなことをやっていくということになれば、独立主権国家として闘った以上は、それは交戦していることになります。「しない」といくら言っても、やってしまったら、そこをどうコントロールするのかという点では同じ問題です。

ですから、「海上保安庁にすればいいじゃないですか」という名称の問題ではありません。国防軍ではなくて、自衛隊ならいいのかというのと同じように、自衛隊ではなくて海上保安庁ならばいいのかというような話ではないというのが一つです。

それから、海上警察活動については、もう少し整備をしないといけないと思います。いろんなところで陸上の警察活動とまったく同じというわけにはいきませんので、接続水域やＥＥＺなど領海外での活動を考慮すると、自衛隊と同様にもう少し考えて、法整備をしなければいけないと思っています。

司会　山尾さんへのご質問がきています。多くの方が、おそらく世間の方も思っているんじゃないかなと思うんですけれども、主張されている立憲的改憲の趣旨にかかわる質問です。９条のエッセンスというか理想みたいなものも残しつつ改憲するということですが、山尾さんがおっしゃっている平和主義の核心といいますか、引き継いでいくエッセンスとお考えのものは何ですか？　ということです。

§９条で引き継いでいくべきもの

山尾　ありがとうございます。さっきの休み時間、参加者の方とちょうど話していたところなんですけれど、やっぱり９条の魂というものは軍縮だと思うし非核だと思うんです。

そういった９条の一番の魂の部分というのは、私はしっかり引き継ぐべきだと思うし、憲法の中に書いてもいいと思うんです。たかが文字ですけれども、私はされど文字だと思っていて、その文字に、またどういう解釈や制度を吹き込んでいくかというのも、これももちろん人間、国民の力なんですけれど、そういったものをしっかり９条の中に入れ込むということもあると思います。

ただ、軍縮が９条の魂だと私は思いますが、日米の関係をこれから少しずつでも正常化して、そして、ある意味「個別的自衛権」に特化をしながら、自主防衛を強化していくということを選んだときに、すぐにその費用とか、装備における軍縮ということにラジカルにつなげられる現実かと言うと、そうではないかもしれません。それはフェアに言って申し上げたいなと思います。

司会　ありがとうございます。あとは、すでにこれまでの議論で出された問題の周辺のことが、質問としてやっぱり多いです。

例えば、松竹さんがイギリスが立憲主義でも戦争しているという話をされましたけれども、アメリカも三権分立とかがしっかりとしています。人工的な国家だということも非常に大きいかもしれませんけど、議会の中でセンシティブな安全保障の情報を共用しながら議論しています。同時にある意味、クローズドな制度も設けていたりもします。さらに、メディアも日本よりは、しっかりしたメディアがあると思われます。こうして、アメリカでも立憲主義というものが、少なくとも日本より立派なのに、ドンパチに関してはすごいですよね。

イギリス、フランスのように植民地は持っていなかったのにかかわらず、非常に好戦的な国家に見えてしまっているし、立憲主義と言っていいのかどうか分からないけれども、政治がそれを止められない。メディアとか国民も止められていない。そういうところが歴史上もあったし、最近もあるような気がします。

伊藤先生も書かれていたと思うんですけど、立憲主義だということで、ある種の抑制的な平和主義というか、それができるんですかということなのです。やっぱりそこの不信感があるというか、そういう質問があるのです。

§立憲主義と制度の問題

山尾　じゃあ、先に私から。憲法で物ごとが全てハッピーになるわけじゃないんですよ、もちろん。だけど、明らかにいま、この国の統治機構の三権分立がゆがんでいますよね。

　内閣と国会の関係もゆがんでいる。内閣と司法の関係もゆがんでいる。そして、内閣と司法の関係について言えば、国民から見て、あるいは専門家から見ても、「これは憲法違反だ」という国家の行為があるのに、それを憲法違反と判断をする仕組みがなく、そして、憲法違反であっても、それを元に戻すような制度もない。

　こういうゆがみというのは、制度で直していくしか人間のできることってないと思うんです。だから、私は憲法裁判所を設置することも提案をしていますし、あるいは、内閣と国会の関係を、もうちょっとバランスよくするために、解散権について、憲法で制約をかけるということもあっていいと思うし、臨時国会の召集の日数ということについては、もしかしたら、憲法あるいは法律で明示すべきだと思います。

その質問をされているのと同じような不安みたいなものを抱えている方がいて、「どんな憲法をつくっても、それを使う人とか、そのときの総理大臣のこころ持ちがよくならなければ駄目だ」ということをおっしゃります。けれども、他人のこころ持ちは変えられないんです。「あなた、こころ持ちを変えてください」とかね。そういうことは、やっぱりできないんです。

だからこそ、制度があり、それを保障していく法があるのです。そして、どこか国家への不信感をベースに、国家のこころ持ちに対して、しっかり国民の意志で制度的に縛りをかけようというのが、私は憲法だと思うんです。

それを本当にやろうとしてみたことって一回もないんです。憲法学者の人とも結構いろいろ話をしているんですけれど、いまある憲法をどう解釈するのかということは、ずっと研究をされていても、じゃあ、よりよく機能をさせるために、どんな変更が考えられるのかということを研究している人は、ほとんどいないんですね。

でもそれは、憲法学者の人たちが悪いとかいうことではありません。この国全体で、やっぱり人のこころ持ちは変えられないので、制度で担保していくという考え方を、私たちは一歩前に進めるべきではないかなというふうに思っていますね。

§改憲が先か法整備が先か

司会　伊藤先生にもかかわるお話ですが。

伊藤　私が講演をしていてよく言われることがあります。民主主義だとか立憲主義を名乗る国がいくつも存在し、同じように憲法があって、軍事力を例えば憲法で統制できているのに、日本だけできていないと指摘するのはおかしいというようなことをです。「日本も民主主義の国である以上は、民主的なコントロールを憲法に明記することによってできるはずだ。それを何で日本だけができないなんて言うんですか」と言われてしまうことがあります。ですが、私は、諸外国が軍事力を民主的に統制できているという前提が、本当にそうなのか疑問を持っています。

　ご指摘があったように、アメリカの憲法では、戦争の宣言をするには議会が宣言をするということになっています。議会の権限の中には、「戦争を宣言すること」が含まれているので、議会が承諾をしないと戦争はできないことになっているのです。ところが、これまで200回以上の戦争をしているアメリカですが、議会の承認を得て戦争をしているのは、たった5回しかありません。ですから、憲法にいくら書いてあったって、いわば自衛権の行使だという名目で、大統領権限で戦争を始めてしまっているのが現実だったりします。

それから、戦争とは違いますが、ドイツは「直接民主制度」をいまだ採用していません。ヨーロッパの大国で国民投票制度を採用していないのは、ドイツぐらいしかありません。

フランスのＥＵ参加、イギリスのＥＵ離脱、イタリアの原発廃止だとか、いろいろな重要な政策課題について、国民投票で決するというのが最近では割と多いですが、ドイツはあえて、直接民主的な国民投票は採用してこなかった。それはナチスのときの反省という歴史的背景があるからです。

それなのに、ドイツだけ直接民主的な制度を積極的に採用していないことを捉えて、「ドイツの民主主義は成熟していない」などと言われるのかというと、そんなことはありません。ドイツ国民が、ドイツの歴史を踏まえて、自国に最もふさわしい適切な民主主義とは何だろうと考えたときに、合理的な自己制約として、あえてそれはしないという選択をしてきたわけです。

このように、その国ごとのそれぞれの統制の仕方があると思います。ですから、日本が憲法の中に何かを規定することで統制をするというのも、一つの考え方です。しかし、先ほど申し上げたとおり、戦前、軍事力の統制に失敗をした日本なのですから、メリット、デメリットをもう少しきちんと検討した方がいいのではないですかということです。

私は、山尾さんがおっしゃったとおり、こころ持ちは変えられないから制度をきちんとつくっていくのも、すごく大切なことだと思います。しかし、その制度をつくるときに、いきなり憲法ということではなく、その手前のところで、まずは法律等でできることもあるのではないでしょうか。そこを十分検討し、実際にやってみて、法律による制度の変更ではどうしても対応できないというときに、初めて憲法改正というレベルの議論にいくのだと思います。

例えば司法的な統制という問題があります。先ほどから憲法裁判所というお話が出ていますが、これも山尾さんもお書きになっているとおり、憲法裁判所をつくったところで、結局は人事が問題になります。誰を憲法裁判所の裁判官に選ぶか。もうそれ次第で、合憲判決を次々繰り出すような憲法裁判所になってしまうということだって十分あり得るわけです。ですから、いかに人事の透明性を図るか、フェアな裁判官構成にするかが重要になってきます。

でも、そういうことができるなら、いまの最高裁判所の裁判官の任命について見直し、いまからでも改善するべきです。憲法には内閣が任命すると書いてありますが、その手前のところで、さまざまなかたちで、もっとフェアな選び方ができるはずです。

そして、どういう理由で、どのような過程で、最高裁の判事が選ばれたのかということを国民の前で明らかにし、それを通じて国民が批判をするという制度が求められます。まずは法律レベルで制度を変えていくのです。

いまの最高裁の人事制度なども含めて、裁判所の人事をどのようにすればフェアにしていけるのか。退官間際でないと原発差し止めの判決が出せないとか、違憲判決を出したら、生涯年収が一億円も違ってくるのではないかとか、そういう裁判所ではなく、より風通しのいい裁判所にしていくにはどうしたらどうしたらいいのか。それは、やはり憲法マターというよりは、むしろ法律マターだろうと思います。

まずは、法律で制度を変える。それを真剣にやってみて、それでもやはり憲法を変えないと、これ以上は法律では動かせないというところで、初めて改憲の論議が土俵に乗ってくるべきだと思います。山尾さんがおっしゃるように、こころ持ちは制度によってなおしていかなくてはなりません。でも、その制度は、いきなり憲法にいくのではなく、まずはいまやれることをやる。もちろん、その議論のきっかけが憲法であってもいいのですが、まず変えていくのはそこだろうと思っています。

§政権交代があるかないかでも違い

山尾　ちょっと一言だけいいですか。法律でやれることをまずやって、法律ではやれないことで憲法に手を付けるというのは、まったくそのとおりです。それを20年前に私は伊藤先生に教わったんです。伊藤真塾で。だから、まったくそうだと思っています。

ただ、安保法制まで通ってしまい、そしてひるがえれば小泉政権のときからある問題ですが、日本が後方支援だとして交戦国になっている。これは9条違反ですよねと言われるようなことが、ここまで9条の下で現実的に行われているという状況は、私には、伊藤先生がおっしゃるにっちもさっちもいかなくなっている状況なのではないかなと思っているのです。

また、おっしゃるとおり裁判所の肝は人事なんです。さらに私は、いまの制度だと、具体的な事件にならないと訴訟が起こせないことが問題だと思います。例えば、安倍総理が解散に踏み切ったのはおかしいよとか、安倍総理が臨時国会を召集しないのはおかしいよとか、安保法制そのものがおかしいよという訴訟はできないわけです。

そういうものを広くできるようにした方がいいと思っているし、それプラス、最高裁であれどの裁判所であれ、肝は人事なんです。最高裁判所の裁判官の任命、指名は内閣にあると憲法で規定されている。そういう制度の下で、どうやって内閣の違憲の行為を中立、公正に裁判できるかということが問題になっている。根源的な問題がそこにはあるのです。

だとしたら、それは憲法を変えないと実現しない問題なので、ここを考えるときにはやっぱり法律でできないこととして、憲法をどう変えるかということになってくる。それが俎上に載ってくるんだろうなと思います。でも、順番については、まさにそのとおりだと思います。

伊藤　当てられていないのに、すみません。内閣が最高裁の判事を任命するのが現行憲法の制度というのはそのとおりで、司法の中立や公正をいかに図るかが問題になってきます。この点、アメリカでも大統領が最高裁の判事を任命するわけです。しかし、アメリカ最高裁は、トランプ大統領の行動に対して、別の判断をするときもあります。なぜそうなるかと言えば、民主党政権と共和党政権との間で、政権交代が実現しているため、いろいろな考え方の人が裁判官に選ばれるわけです。現在、９人の最高裁判事のうち、保守派とリベラル派の比率はほぼ半々ぐらいになっています。

日本でも、基本的には内閣が任命しているけれども、最高裁の判事は15人も判事がいますから、政権交代があればバランスが取れていくはずです。本当はそういうことを想定した憲法規定だったと思います。

そう考えれば、この問題は憲法の規定というよりは、むしろ政権交代の問題だと言えるかもしれません。五五年体制からずっと政権が変わらないままできて、これまで自社さ連立政権とか民主党政権がありましたけれども、本当の意味の政権交代がなかったことから生じた問題だということです。ですから、その問題に対して憲法を変えることで突破しようという方法も一つかもしれませんけれども、別のやり方もあるのではないかということなのです。

§安保法制が憲法に穴をあけたもとで

司会　伊勢﨑さん、どうぞ。

伊勢﨑　繰り返しになりますけれども、一般論として「戦後憲法」は急いでつくられます。特に、敵の政権を倒して、占領者が新しい国を立憲するときは、本当に急いでやるのです。だから、修正は当たり前なのです。

参考になるのは、独立インドの憲法です。英語の分量で比べた場合、インドの憲法というのは、世界で一番分厚いそうです。つまり権力に対する注文が一番多い。

インドは非暴力抵抗でガンディーさんたちが英国から独立を勝ち取りました。独立憲法が発布されたのは1950年。アンベードカル博士という一番低いカーストから出た努力人の法学者がつくった誇りある自主憲法です。ヒンドゥー教徒やイスラム教徒等宗教に関係なく、カーストの出身に関係なく、インド人の全て平等の人権を保障する一つのインドという理想を謳っています。

最初の修正はその1年後です。その内容は、憲法で保障された表現の自由にかかわることです。それを制限したのです。宗教やカーストをベースとした違いを攻撃する表現の自由は認めない、という。それに厳罰を与える刑法の改正が連動しています。

それでも、「ヘイト」がなくなったかというと、現実はそう簡単ではありません。現在インドはナレンドラ・モディ政権というヒンドゥー極右団体を票田とする政権が誕生し、非常に揺れています。憲法改正を含め法的な努力はこれからも続くでしょう。憲法とその他の法律との関係ということで一つの好例だと思います。

9条も一つの理想を掲げています。非戦という。しかし、非らずべき戦争の形態が激変し、それを律しようとする国際法の葛藤も急激に進化しているのです。

日本はというと、9条2項の欠陥が生む陶酔の中で閉じ籠り、その激変と変化を意識の外に置いてきた。あれよあれよという間に、自衛隊は世界五指の通常戦力になりました。9条の国が軍事大国です。さらに、国家の戦力だからこそ相手国が裁判権を放棄する地位協定を、戦力の自覚がないのに結ぶという、他国の社会への人道問題を、無意識につくるまでになってしまった。国民にその自覚がなく、国家が戦争するほど恐ろしいことはありません。その無意識を生む憲法の条文の瑕疵を、「事件」が起きる前に、早急に対処するべきです。

山尾さんが先ほど言われた、安保法制が成立しているもとで非戦をどういうふうに貫くか。その問題意識に同意します。同法制は、自衛隊の法的な地位を何も是正することなく、自衛隊員に「もっと撃て」と言っているのですから。僕もその理由で同法に反対しました。

一方で、安保法制は決定的な穴を憲法に開けたのです。政治判断と立法だけで、これだけ憲法の「理想」が蹂躙されるのだということを思い知らされたのです。そんな蹂躙はどんな政権になってもやれないことを保障する憲法条文改正がなされなければなりません。

その際に、日本人が憲法論議で使う用語を国際法でのそれらとしっかりリンクしなければなりません。山尾さんをはじめ皆さんは、個別的自衛権と集団的自衛権の違いに拘っていますが、日本には最初からこんなものはありませんよ。だって、日本の国土を使ったアメリカの開戦にノーと言えないのですから。前述の朝鮮国連軍地位協定と日米地位協定ですね。日本にあるのは集団的自衛権でなく「自動交戦装置」であり、開戦に起因する報復攻撃を鑑みてアメリカの出撃にノーと言えないのですから、個別的自衛権もないのです。だから安保法制に反対しても、実は、しようがないのです。

それと、日本には一部に、自衛隊を武装解除つまり完全に解体すれば9条は守られる、なんていう議論がありますが、ふざけないでくださいね。それがどれだけ大変なことか分かっていますか？　僕は武装解除のプロですよ。武装解除というのは、武装解除をするという圧倒的な政治意志が生まれてようやくできるものです。それでも大変なのです。どんな国でもある、「軍」に関わる問題に必ず付随する、そして絶対に消えることのない「ナショナリズム」。これを相手にしながらやるのです。ものすごい手間と時間がかかることなのです。

緩衝国家としての日本を考えてくださいね。緩衝国家は大国の狭間にある。内政が大国同士の緊張に最も影響されやすいのです。つまり、大国がつくりだす「敵の脅威」に最も翻弄される。日本はそういう地政学上の宿命を負っていることを認めてください。脅威を餌とするのが「ナショナリズム」です。安倍政権がうまく使っているわけでしょう。北朝鮮の飛翔体へのＪアラート。あんなばからしいこと、いまどきやるのは日本だけですよ。普通の国以上にナショナリズムが乱舞する日本の宿命。自衛隊の武装解除は、護憲派の単なる現実逃避です。憲法論議を夢想に支配させてはいけません。

理想となるべきは非戦です。非戦のために日本がやっちゃいけないことを、国際法の要件以上に憲法書き込むのです。国際法違反に厳罰を処す法整備も含めて。

§専守防衛と核抑止は両立するのか

司会　次に松竹さんにお願いします。その前に、安倍改憲にどう向き合うのかというのがこの討論会のテーマでありまして、大きい意味では、いままでお話していただいたことも、それに重なると思います。とはいえ、改憲の発議が具体的に検討されているわけでして、そこの直接的な話もしないと、詐欺だと言われると嫌なので、しなきゃいけないと思っています。ですから、松竹さんに一言だけいただいて、その話に移ってもいいですか。

松竹　新安保法制ができた下でどうするのかという、いま議論になっていることは、立憲主義を貫くために大事なことだと思います。でも、私が思うのは、新安保法制のときに、あれだけ反対の世論がありましたけれども、結局その後、安倍さんが選挙で勝利してしまうっていう状況があるという問題です。何でそうなるかということなんです。安倍さんの加憲案がそれなりに支持を得る背景ということでもあります。

結局、専守防衛の話をしましたけども、私はその政策を支持しますし、山尾さんもそれが国民合意だと言われました。しかし、専守防衛というのでは、やっぱりうまくいかないんじゃないかという思いが、もう一方で国民の中には強くあるのだと思うのです。

その中心にあるのは、アメリカの核抑止力に頼らなきゃ駄目だという感情です。いざという時にはアメリカの核兵器で守ってもらうのだから、やっぱりアメリカとともに戦う方向を全面否定できないみたいな気持ちが、やはり国民の中には根強くある。結局、そういう状況が続いている下では、何をやってもうまくいかないと言うと怒られるかもしれないけれども、やっぱり専守防衛で大丈夫だろうかという不安感ですね。

軍事合理的に見たら、やっぱり自国の周辺で防衛するというだけではなくて、相手の国に攻め入って、相手の国を壊滅させるだけの実力を持ったほうが安心だねって思うわけです。アメリカがその部分を担ってくれたらいいねっていう状況がずっと続いている。そういう下ではやっぱり、地位協定だって多少の不平等があっても仕方ないよねっていう気持ちになってしまうところがあるわけです。

だから、安倍さんの加憲案の話になっていくと思いますけども、私は加憲案が通るとしたら、「いやあ、専守防衛では駄目だよ」「こういう方向だよ」という世論が結びついたときだと思うんです。だから、その問題で国民が納得できるものを護憲派が打ち出していけないと、加憲案に対抗することもできないと思います。

でも、よく考えてみてください。日本の安全保障政策の在り方としてアメリカの核抑止力に頼るというのは、何かのときは、中国や北朝鮮の上から核兵器を落としてくださいっていうことですよね。そういう政策を本当に日本国民が支持できるのかということです。

ある先生が言っていましたけど、核の傘っていう言葉からは、日本の上に傘があって、他の国から核兵器が落ちてくるのを傘で守ってくれるというもののように、ついつい思ってしまう。けれども、核の傘というのは、いざという時には相手国を核兵器で壊滅させるという意思を示し、そのための体制をとり、その威嚇によって相手の行動を抑え、止めるということです。「傘」どころか、槍の先に核兵器を付けて、相手の国に向けて、「そら、落とすぞ」と言っている状況じゃないですか。

これは専守防衛とは異なるというか、正反対の考え方なのです。それなのに、そのことがずっと国民の間で議論されず、自分たちは専守防衛の国なんだと思い込んでいて、しかし同時にアメリカの核抑止力に頼るのも当然だと思っている。この矛盾した気持ちが共存している状況下では、ちょっと危機があおり立てられるだけで、やはり核抑止だ、憲法も変えるんだということになっていくのではないでしょうか。

だから、信頼ある専守防衛の政策というものを護憲派が打ち出して、国民に提示しなければならない。それを示すことによって、本当に日本はそういうアメリカの防衛政策にくっついていくんですか、そうじゃなくてこの専守防衛でやっていきましょうよと言って、支持を獲得していかないといけない。そういうものと結びつかないと、私はこの安倍さんの加憲論を崩すことは、実際にはできないんじゃないかなと思っております。

四、立場が違っても協力し合えるのか

司会　お話を伺っていると、伊勢﨑さんなんかは、国民も政治家も9条2項によってかえって思考停止をし、甘えているんじゃないかみたいに考えているようですね。ちょっと違いますかね。訂正していただいてもいいです。

同時に、伊藤さんと松竹さんは、まずできることをやってから、その先にあるかもしれないことを議論しようというものでしょう。主張しておられる立論は別の側面からですけれども。いずれにしろ、安全保障についても憲法についても、国民がいろいろな議論をしてもしていかなければいけないという機運は生まれているのでしょう。安倍さんのおかげで議論が盛り上がっているのかどうかはちょっと別にして。

その安倍加憲なんですけれども、超具体的に言うと、発議というのは議会の3分の2の賛成で一つの案が提示されて、国民投票ではそれに「イエス」か「ノー」かしか言えないわけです。安倍加憲論というのも、仮にそれが衆参両院で議決された場合、単純に反対するか、単純に賛成するという選択肢しかありません。

それを拒絶するときに、例えばですけれど、山尾さん的なお立場だと、もっとまともな案を、われわれが近い将来出しますから、取りあえず、このでためのの案は拒絶してくださいというものでしょう。そういう説得の仕方はあり得るのかなと思うんです。

それとは違って、松竹さんとか、伊藤先生の場合は、こういうことでいろんな穴は埋めていきます。だから、拒絶して大丈夫です。改憲の代案みたいなものは特に現状では必要ないというお立場なのかなと思うんです。

伊勢﨑さんはどうお考えなのかちょっと分からないんですが、そこら辺のお話を、4人の方々からしていただいてもいいのかなと思います。どなたからがよろしいでしょうか。

§それぞれの立場で反対し合流する

山尾　はい。なぜ、最初に発言したかったかというと、先ほどインドの憲法の話を伊勢崎さんがされたので、いま、ぱぱっと調べたら、インドの憲法って、単語数にして14万6385あります。世界の憲法の平均が2万1000語程度だということでして、日本の場合は4998ということになっております。さっきの言葉を借りるなら、やっぱり権力への注文をもう少し多めに憲法で付けてもいいのかなと感じます。特に統治に関しては。

安倍加憲ですけれども、基本的に、この前、国会で安倍総理に言ったことと重なります。安倍さんは自衛隊違憲の議論に終止符を打つ、議論の余地をなくすというのです。でも、少なくとも2項を残すんだったら、議論の余地はなくならないし、終止符は打たれないし、論点は拡散しますよということです。こういうことははっきりと申し上げました。

そういう中で、やっぱり一番問題なのは、安倍加憲というのは、自衛権の議論が憲法事項から法律事項に格下げになるということだと思います。石破さんの2項削除論と違うのは、石破さんはそれを正直に言うことだと思います。「これは法律事項に格下げです」と。

安倍さんはこれを、憲法の2項を残す以上は歯止めはかかっているからと言って、うそをつきながら法律事項に落とそうとしているということだと思います。私の理解では、安倍加憲と石破さんの2項削除案というのは、集団的自衛権を認めるという点で同じだし、かなりアメリカへの従属が強まるという点でも同じだけれども、その点について正直か、うそつきかというところが、たぶん違うんだと思っています。

そういうことで、私は安倍加憲論というのは、無駄どころか、まったく有害だというふうに思っています。ですから、何としてもこれは発議させたくないし、発議自体を阻止したいとも思っています。

今日、4人がここにいますけれど、たぶん安倍加憲に満足している人はいないですよね。それぞれの立場で、国民の受け皿になったらいいと思うんです。もし万が一、安倍加憲なるものが発議されたとき、あるいは発議をする前に国民の意図を問う世論調査などがあったときに、この四つのルートで——他のルートもあってもいいんですけど——とにかく、いろんなルートが集まって、それぞれの理屈で安倍加憲には反対だということが大事です。一本の流れでは負けると思うんです。

今日は4本の流れがあるわけですけれど、もっともっと多様な流れがあって、でも今回の安倍加憲には反対だと合流していく。そういうふうに一つの場所に現段階で集まるというのが、私は運動論として理想かなと思っています。

司会　どうぞ、松竹さん。

§護憲派も防衛の議論に参加すべきだ

松竹　基本的に山尾さんがおっしゃっていることに賛成なんです。私は山尾さんの立憲的改憲論って、もっと広く行き渡ってほしいと思っています。というのは、山尾さんの実際の案というのは、領土、領海、領空防衛ということを明確にしているわけですよね。それが広がっていくということは、少なくとも安倍さんの加憲というのは、これとは全然違うんだなということが国民に理解されやすくなることだと思うのです。

安倍さんは、集団的自衛権を行使できるようにしておいて、自分はまだ専守防衛だってごまかしているわけです。それに安倍さんは「何も変わらない」なんて言っていますから、もしかしたら、安倍さんの加憲案は専守防衛だと思い込んでいる人がいるかもしれないし、実際にこれからも、もしかしたら彼がそういうことを強調するかもしれない。ですから、もっともっと強く言っていただければいいと思っているんです。

山尾　ありがとうございます。

松竹　同時に、先ほどと同じになりますけれども、国民は、「でも、専守防衛って本当に大丈夫なの」と思っているわけです。やっぱり軍事的に見ると、相手を圧倒するだけのものがないんだったら心配なんじゃないのって。でもそこを、専守防衛の力と政治外交の力を組み合わせることのほうが立派なんだ、そうじゃないと日本の独立と平和を守っていけないんだという政策の中身の方で、やっぱり勝負していきたいなと思っています。

だから私は、3年ほど前に、柳澤協二さんという元防衛官僚にお願いして、「自衛隊を活かす会」というのをつくりました。私は、その事務局長をやっています。

それまで日本の安全保障の議論を論ずるのは、政府か、タカ派、右派の人だけだったわけです。そうじゃなくて、護憲派も含めて、タカ派の議論について行けない人が真剣に議論している姿と、その内容を提示していかなければならない。昨日も私は、航空自衛隊の空将補だった方といろいろ話をしてきましたけれども、幹部自衛官と言えば右よりのタカ派のやることだみたいなことを皆さんは思っているかもしれませんが、本当は全然違うんです。自衛官の方々は真面目に、日本の安全のことを考えているのです。

安倍さんの加憲案についても、自分たち自衛隊のことが書き込まれるのだから、当然喜んでいるよねと思われるかもしれませんが、そんな単純なものではありません。自衛隊のことが認知されるというのは、違憲の存在だと言われてきた自分の人生のことを考えたらうれしいなという気持ちはあっても、でも逆に、そうやって認知されてきたのは、自衛隊がいまの憲法の下で、本当にいろいろ努力を積み重ねてやってきたからで、憲法で認知されたからリスペクトしろよみたいになったら、結局、元に戻るんじゃないかという不安も持っていたりしている。

だから、そういう点で自衛官の方々と一緒に安全保障の議論をするようなことをやっていかないと、安倍加憲論には対抗できないなというのが私の立場です。

司会 伊藤先生、お願いします。

§加憲案をめぐる世論状況のもとで

伊藤 私は自衛隊が違憲だという立場です。そこは変わりません。しかし、専守防衛というのは、現実と理想のはざまの中で生み出してきた一つの英知だろうと私は思っています。

いま、柳澤さんのお話が出ましたけれども、彼がよくおっしゃっているのは、戦争というのは、富、利益、それから名誉、さらに恐怖心が原因で行われるということです。だから、富と名誉は分かち合えばいいし、相手に恐怖を与えないようにする――安心の供与という言葉を使ったりもしますが――、要するに攻撃される口実をつくらないようにする。それが専守防衛の目指す本当の意味なわけです。

ですから、北東アジアにおいて、諸外国に対してどのようなメッセージを発するのかといったときに、「日本は脅威になりません」というのが、専守防衛の核になります。むしろ、安心を与えていくということをやってきたわけですから。

それが新安保法制によって壊れてしまった。そして憲法に書き込むことで、「集団的自衛権を行使するような自衛隊を違憲とは言わせませんよ」ということが安倍さんの加憲論です。ですから、安心の供与、専守防衛とはまったく逆の方向、軍事的な抑止力を高めていく方向に進んでしまうわけです。

先ほどから安保条約の話も出てきています。アメリカに守ってもらえないならば、日本で独自に守らなければいけない、日本の自衛力、防衛力、軍事力をもっと上げないといけないのではないかと、ついそういう議論にいってしまいがちです。しかし、そうではなく、政治力や外交力によって、安全保障を図っていくということも極めて重要な政策の一つです。それがまさに専守防衛のあるべき一つかたちのはずでした。

それにもかかわらず、自衛隊明記によって、安全保障を図ろうとすれば、本当にこの国のありようが変わっていってしまうことになると思います。

加憲案が通ることになれば、私たち日本の国家が初めて行った憲法改正が、軍事力を憲法に明記することだったということになります。それが世界に発信されるわけです。自衛隊というものはどう見たって世界の人々からは軍隊としか思えません。それを憲法に書き込みましたということが、アジア、イスラム圏の皆さんたちに対してどのようなメッセージとなって伝わっていくのか。そういうことも考えなければなりません。つまり、自衛隊を憲法に明記することに伴う、さまざまな負の側面というものを含めて、しっかり考えなければいけないと思います。

また、安全保障や防衛を議論するにあたっては、「加憲によってちゃんと徴兵制が可能になりますよ」ということの国民的な納得が得られた上で、それでもやっぱり必要だというような議論をしないといけません。「加憲されても何も変わりません」という、安倍さんの言葉のうその中で改憲の議論が進んでいくことなど、あってはならないことです。

ちなみに徴兵制についてちょっとだけお話をしておきます。昔は「徴兵制なんて、いまのＩＴ技術を使った戦争で、素人の新兵がやってきたところで足手まといになるだけですよ。そんなので軍事的合理性がありません」と言われてきました。けれども、そこが変わってきています。

フランスではマクロン大統領が1か月の徴兵制を提唱しています。1か月でいいんです。1か月の入隊をし、そこで防衛や安全保障や愛国心を教育する。まさに精神的な面で、この国を支える一体感を醸成していく。それが徴兵制の一番の目的ですから、何も前線に送り込んで戦えというものにする必要もない。

確かに、そんな徴兵制でさえ日本ではまだまだ無理でしょう。しかし、1か月だけでもサマーキャンプに行って、サバイバルゲームに参加してみませんか、などと若者たちを引きつけてトレーニングをし、愛国心、国民としての一体性を醸成していく。このような徴兵制は現実的に可能でしょう。

そしてそれは、苦役からの自由を規定した憲法18条のたがが外れることによって可能になってくる。だんだん、そういうところから、この国のかたちが変わってくるということになるのです。もし、それが目指すべき日本の国のかたちだというのが国民の合意なら、それはそれで仕方ありません。でも、「何も変わらない」とうそをつかれたままで、あとでふたを開けてみたら、全然なんか違った国になってしまった。あとで「あの時になんで賛成してしまったのだろう」と後悔しても、まさにあとの祭りです。

NHKの3月13日世論調査では、憲法を改正して自衛隊の存在を明記することについて、賛成

36％、反対23％、どちらともいえない32％です。ここにいらっしゃる皆さんもご存じのとおり、国民投票では賛成に丸を付けた人と、反対に丸を付けた人の足し算の過半数が賛成なら通るということになります。ですから、36％と23％がそのままですと、賛成の方が圧倒的に多いので通るわけです。

日本人は真面目ですから、自分でしっかり考えて、明確に意思表示できないようなことについて、賛成か反対か投票するなんて恐れ多くてできませんという人たちがいます。そういう人たちが、「どちらともいえない」「よく分からない」「難しいから無責任なことは言えない」「だから、投票に行きません」ということになると、積極的に変えたいという人たちばかりが投票に行って、賛成に丸を付けることになります。

しかも、国民投票運動についての規制は原則なく自由です。テレビコマーシャルの規制も投票日前2週間以外は事実上一切ない。電通がメディアを支配している中で、放映枠は3か月前から買い占められてしまうでしょう。そんな状況下で、護憲派がクラウドファンディングでもやって費用を集めて、一発か二発かコマーシャルを打とうとしても手遅れで何の役にも立たない。

そんな中で、私たちが現実問題として、これにどう反対していくのか。やはり変わったときの危険性をより多くの人たちと共有して、何も変わらないというウソを暴くことが大事です。安倍政権というのは、うそと、でたらめと、開き直りの政権です。いまの森友問題での姿勢を見る限り、「こういう人たちに憲法改正なんてさせてしまっていいんですか」ということを、もっともっと広めていかないといけないと思います。

§自衛隊を合憲にするとはどういうことか

司会　ちょっと長くて時間がなくなりかけです。伊勢﨑さん、気持ちは込めて、しかし時間は短めでお願いします。

伊勢﨑　今日ここにお集まりの皆さんの中には、保守、リベラル、いろんな方がいらっしゃると思いますが、「自衛隊は合憲」と言われて自衛官が喜ぶと思ったら大間違いですよ。シラけている、もしくは、ふざけるなと思っているはずです。それを面に出さないないだけです。

伊藤さんが本日はっきり言ってくれたように、自衛隊は違憲です。気軽に合憲などと、特に日本共産党のように違憲という国民の総意ができるまで〝しばらく合憲〟などと言っては絶対にいけないのです。飛び抜けた殺傷能力の独占を許された職能集団なんですよ、自衛隊は。この問題の厳粛さを僕の今日の発言からくみ取ってほしいわけです。

合憲にするということはどういうことか。それは合憲だと宣言することでもなく、自衛隊の名称を憲法に明記することでも「軍」に変更することでもなく、戦前回帰の軍法会議を復活させることでもない。責任ある法治そして主権国家として国際人道法が求める要件を誰よりもフルに満たすべく法整備とそれを導く憲法改正をすることです。これを「合憲」と言うのです。

それをしないまま、違憲のまま、自衛隊を海外に送り出している。戦力じゃないのに戦力として地位協定まで結んで。これがトンデモナイ愚行であることを日本国民に分からせるには、自分たちが犠牲になるしかないと思って、自衛隊員は戦地に赴いているのです。この平和ボケした国民を目覚めさせるには自分たちが犠牲になるしかない、と。ここを分かってください。僕は自衛隊を何年も教えていますから。それが自衛官の本音です。自衛官への同情を装うリップサービスはやめてくださいね。

安倍加憲にどう対抗するか。これは本日のこのシンポジウムに向けたお手元の僕の寄稿文にあるように、安倍加憲は、法理つまり法の理屈の崩壊でしかありません。もはや憲法ではありません。このばからしさ、英語にしたら一発で露呈します。

自民党は分かっていますよ。それも承知で改憲案の議論を進めているんですよ。「必要最小限」という言葉を出したり、削ったりしてね。あとで削ったら、譲歩しているように見えるじゃないですか。

山尾　公明党用に「最小限」の言葉を残しておいたもんね。

伊勢崎　僕が寄稿文で提起した英語での問題も、自民党には対案があるはずです。2項の否定する陸海空の forces と追加項で表記する自衛隊の forces の矛盾を乗り切るために、Self Defense Forces じゃなくて、ＪＩＥＩＴＡＩっていうふうにローマ字表記にするやり方がある。もう、ほんと冗談の世界です。

それと、譲歩したという既成事実もつくれるし、国民が一番納得しやすいであろうから、追加項を〝前項にかかわらず国家存続のために必要な自衛権の行使を否定するものではない〟にするとか。これも、自衛隊を明記しなくても、国際法では国家が陸海空で行使できるのは自衛権と国連の集団安全保障だけですから、英語にしたら、依然、法理の崩壊です。でも、日本語で見ている日本人には分からないでしょう。自衛隊表記の安倍加憲に反対している勢力の中にも、「まあ、いいか」と賛成しちゃう人がでてきますよ。

国民投票は、改憲案か否かの二者選択なのだから、安倍加憲に反対する術は、まず最終的に提示される改憲案が法理上の矛盾がないものになるよう最大限の国民的議論を展開しプレッシャーを自民党に与えること。僕は、追加項なしで9条2項を全面改正する改憲案しかないと思いますが。だって欠陥条項ですから。そんな努力にもかかわらず、改憲案が安倍加憲になってしまったら。国民投票では「ノー」と言わなきゃなりません、でも、その「ノー」は「護憲」であってはならないのです。こういうふうに国民投票を捉え、野党を一つにしましょうよ。

僕自身、安倍加憲が国民投票にあがったら、そして野党が「護憲」でまとまって国民投票に臨んだら、どうするかは分かりませんよ。あまりにもバカらしい。だって、「安倍加憲＝憲法解釈で積み上げた詐欺を明文化して続行」と「護憲＝詐欺を従来通り黙って続行」から一つを選べ、なんて。もう、日本人をやめたい。恥ずかしくて。国籍をどっかに移そうかな。そう考えるぐらい、あほらしいことだっていうことだと分かっていただきたい。

§深刻な意見の違いを怖がらないで議論する

司会　そろそろ時間です。後半の議論で安倍加憲案というものが、悪いかたちでごまかしているんじゃないかということは、おそらく、会場の皆さんとも共有できたのかなと思います。ちょっと伊勢﨑さんが不満そうな顔をしていますが。

松竹さんが寄稿文で、9条2項に関して、確かフランスの人権宣言を例に出して、現実と乖離した理想の意味を述べておられていますが、人権宣言と比べられると同列にしていいのかという違和感が個人的には少しあるんです。ただ、目標としては意味があるということで、憲法には前文があるので、そこに引っ越してもらうというような考え方もあるのかなと思います。ただいずれにせよ、2項がとにかく焦点なんだ、そこを議論としてごまかしてはいけないということは、皆さんの合意でよろしいですかね。

もう定刻になりました。最後に一言ずつどうでしょう。

伊勢﨑　どうぞ、僕はもういいですから。

山尾　9条2項の抑止力としての機能、憲法違反の可能性による抑止力というようなことは、やっぱり3年前に限界を迎えたと私は思うんです。それをいまもなお言い続けると何が起きるかというと、安倍総理にそれを逆手に取られるわけです。自衛隊を書き込むけれど、9条2項をそのまま置いておくから大丈夫です、9条2項があるから安心ですって逆手に取られるわけですよ。安倍さんと護憲派が、9条2項はそのままが大事ということで一致しているわけですから。それが私はやっぱり悔しいんです。だから、もうちょっとまともな、「憲法」改正というのはあり得るんだということは示したいなとそういうことです。本日の議論で、9条2項が本当の意味で必要な抑止力になっているのかどうかというのは、かなり伝わったと思います。

松竹　私は本当に一言だけで。こういう討論会をぜひいろんなところで開いていただきたいなということです。２項をどう見るかっていうことも含めて、いろんな意見があるのに、なんかモノトーンで、「反対論っていうのはこれだけだよね」みたいになったら、おそらく国民の中で一致点もできないし、安倍さんへの強力な対抗軸にもならない。実はばらばらに見えて、それらがどうやって結び合っていくのかっていうことを考えて、深刻な意見の対立を怖がらない議論をやっていくべきじゃないかなと思います。

§憲法の問題点と意義と

伊藤　私は、どちらとも言えないという方々に対して、どういうメッセージを発し続けるかということが重要だと思います。そのために一番分かりやすいのは、向こうが一番嫌がる徴兵制でしょう。徹底的に「そんなのうそだ」と反論してくると思いますけれども、やはり、それが可能になるということは、もっと多くの人にしっかりと伝えて共有していかなければなりません。本当にそれでいいんですかということを突きつけていくことが必要だろうと思います。

司会　せっかくだし、伊勢崎さん。30秒だけ。

伊勢﨑　いわゆる護憲派の政治勢力に対して一言申しあげます。会場の皆さんじゃないです。一般の人じゃなくて、護憲を標榜する政治勢力、政治家に対してです。

旧民主党政権のときです。9条2項に起因する国際法との齟齬を「護憲的」に是正するとしたら一番いい機会だったのです。それを逃してしまった。

僕には、護憲派の友人が政治家の中にたくさんいますし、その何人かは、当時の政権の中枢に入っていましたから、南スーダンPKO派遣の決定の撤回と、ジブチからの撤退を、ホント頑張ってロビーしたのです。普段なら政治家から呼びつけられることに絶対応じない僕がみずから議員会館に足を運んで。

何と言われたと思います？　護憲派の全ての議員に言われました。いま、安倍政権に反対して国家前のデモ集会に顔を出している人たちです。僕の言うことは全面的に正しいのは分かるけれど、それは自衛隊の法的な地位すなわち憲法論議になってしまうので、護憲派の政治家もしくは政党としては発議できないと言われたのです。結果、その存在が違憲である自衛隊の違憲派遣が続行しました。「護憲派の政治は憲法問題を発議しない」のです。以上。

司会　皆さんどうもありがとうございました。憲法の抱える問題点。そして憲法の持っている意義ということについて十分理解できましたし、また、安倍首相の加憲論に対して、皆さんがどういうふうに考えていらっしゃるのかという点では、非常に多様な意見があるんだなということが、このディスカッションを通じて皆さんご理解できたのではないかと思います。

また、私が大変うれしかったのは、聞いていらっしゃる皆さんが、本当に一生懸命聞いてくださって、一切、不規則発言もなく、非常にいい感じで、このディスカッションを見ていてくださったことです。そのことに大変感謝を申し上げたいと思います。重ねて、どうも本日はありがとうございました。

（3月31日に開催された公開討論会の抄録です。当日の動画は以下のホームページに掲載されています。http://shiminshakai.net/post/3100?doing_wp_cron=1527482535.0870709419250488281250）

第Ⅲ部

今後の課題

安倍加憲反対の豊かなバリエーションへ

山尾　志桜里

公開討論会から約2週間後の4月14日、シリアでの化学兵器使用疑惑を理由に米英仏軍がミサイル攻撃を敢行した。これに対し、安倍総理は「化学兵器の使用は非人道的で許せない。拡散と使用を許さないとの米英仏の決意を支持する」と表明し、軍事行動については「これ以上の事態の悪化を防ぐための措置と理解している」と語った。

化学兵器使用の非人道性について疑いの余地はない。

しかし、「目には目を」「歯には歯を」「非人道には非人道を」という復讐・制裁の連鎖が弱者の淘汰と世界の終焉につながらないために、私たちは開戦法規としての国連憲章と交戦法規としての国際人道法を持っている。

今回の米英仏による軍事行動は、個別的自衛権・集団的自衛権に該当しないことはもちろん、国連安保理決議がない以上、国連憲章違反・「法の支配」の潜脱の誹りを免れない。

しかし、残念ながら日本社会では、この点につき、安倍総理をはじめ与野党ともに政治のプレーヤーからの指摘はほとんどなく、複数のメディアによる「国際法違反」との指摘もその時点かぎりにとどまった。

化学兵器の非人道性に対抗しなければならないという現実（あるいはアメリカの軍事行動に事実上異議申立権を持っていないという現実）を追認するために「国際法違反」を黙認するのも、国家の安全保障のために自衛隊は不可欠であるという現実を追認するために「憲法違反」（の疑義）を黙認することも、厳しい判断を迫られるときに「法の支配」を優先させず「人の支配」に道をゆずる点で同根であると、私は思う。

「法」は、「人」が厳しい判断を迫られるときに備え、あらかじめ「人々」の話し合いによって、優先させるべき価値判断や守るべきルールを最低限決めておくという役割を担っている。

したがって、本来、厳しい判断を迫られるときにこそ、最後は「法の支配」を貫徹するほかない。

ひるがえって、だからこそ、平時においては、現行の法規範が現実に対応しているか、十分にその機能を果たせているか、「人々」が十分吟味し磨きをかける必要があるのだと思う。

そしてとりわけ憲法において、この「人々」とは、もちろん「国家」ではない。「国民一人ひとり」である。

あらためて、「人の支配」に依拠する安倍加憲に反対する点で共通認識を持つ私たちが、いざというときに「法の支配」にのっとってなされる判断の正当性を担保するために、「日本国憲法」（および国際法との関係）を多角的に吟味し、厳しい判断を迫られたときの指針となる憲法として磨きをかける必要性を感じている。

本書第Ⅰ部「私の対抗軸」や第Ⅱ部「公開討論会」で指摘することができなかった、「安倍加憲」の問題点について1点。

「自民党憲法改正推進本部が有力と考える案」の9条の2①では、「我が国の平和と独立を守り、国及び国民の安全を保つために必要な自衛の措置をとる」「ための実力組織として」「自衛隊を保持」すると書かれている。つまり、「必要な自衛の措置」をとる実力組織として自衛隊を憲法上位置付けるこの自民党条文案は、「必要な自衛戦争」以外は侵略戦争として禁ずるとの国際法基準に、日本国憲法を一致させるものに他ならない。すなわち、同盟を機能させるための「他国防衛」であれ「自衛権の一環」と位置付けうるのであり、この条文にのっとった憲法改正が実現すれば、自衛権の範囲につき、憲法上の特別の歯止めはなくなる。まさに、国際法が許容する範囲で、安保法制どころか文字通りフルスペックの集団的自衛権の行使を許す憲法へと様変わりする。

安倍加憲は、「自衛隊をいわゆる普通の軍隊へと変えるもの」との主張は正しい。

安倍総理の、「皆さんが大事にしている9条2項を残すことにしました。だから自衛隊は今と何も変わりません」との主張は正しくない。

この点、阪田雅裕元法制局長官が、「本当に今の安保法制を憲法上の限界とするならこうなります」と、いわゆる新三要件を明記する9条案を提示されている。私は、この提示は、安保法制を追認することにその趣旨があるとはとらえていない。むしろ、本当に安保法制を上限とする気があるのなら、新三要件を憲法に明記しないのはなぜか、という鋭い問いかけだと思う。

9条2項は、少なくとも現代において、自衛権の範囲の歯止めとはなっていない。

このことを認識しない限り、「新三要件も旧三要件も憲法には書きませんが、9条2項があるから大丈夫ですよ」という安倍総理の弁解を論破することは難しい。

安倍加憲のウソを指摘するためには、私たちもウソをつけない、ということだ。

　この5月に、私は、立憲民主党憲法調査会の事務局長となった。立憲民主党の「立憲的憲法論議」と「立憲的改憲」の重なり合いを可視化しつつ、今回の公開討論会でもおそらく示された安倍加憲反対の豊かなバリエーションを広げるために、微力を投じていきたい。

団結する姿勢は改憲派に学べ

松竹 伸幸

「明日への選択」という月刊誌がある。書店で販売されていないので、目にした方はほとんどいないだろう。発行は日本政策研究センターというところで、みずからシンクタンクを名乗っている。

この団体が護憲派に知られたのは、昨年5月3日、安倍首相が「加憲」案を提唱した時であった。9条の1項も2項もそのままにして自衛隊を明記するというこの案は、実はその2日前の5月1日、日本政策研究センターが上梓した『これがわれらの憲法改正提案だ――護憲派よ、それでも憲法改正に反対か？』で提起されたやり方と瓜二つのものだったのである。護憲派は、この本の著者の一人である伊藤哲夫氏が日本会議の常任理事を務めているということを根拠にして、「安倍首相の案は日本会議が主導したものだ」という宣伝を強めたのであった。

加憲案というのは、日本会議の発案というようなものではなく、もう十数年前から公明党が提唱していたものである。安倍首相は野望達成に不可欠な公明党の協力を得るため、そこに踏み込んだのであって、日本会議主導を強調するのは、加憲案のおどろおどろしさを強調するには多少の効果はあるかもしれないが、正確ではない。

それよりも護憲派が着目すべきは、改憲派の柔軟さと団結力である。日本会議も日本政策研究センターも、これまでずっと2項を削除して国防軍を明記する案を推進してきた。ところが、加憲案が国民の支持を得るために不可欠だと考えると、あっさり前言を翻し、この案で結束することになったのである。自分の理想は将来の課題に先送りしても、とりあえずここで一致しようという姿勢が改憲派には存在するわけである。

一方の護憲派はどうか。団結を軽視しているとまでは言わない。しかし、例えば伊勢﨑賢治氏の「護憲的改憲論」も山尾志桜里氏の「立憲的改憲論」も、さらに私の「改憲的護憲論」も、安倍首相の加憲案には明確に反対しているにもかかわらず、護憲派の一部からは「改憲論に乗せられた議論だ」という批判が浴びせられることがある。

そういう護憲派の現状を見るに付け、今回、九条の会世話人の伊藤真氏も含めて議論し、もちろん意見の違いはあっても協力し合えることが確認できたことは大切であったと思う。護憲派は改憲派の寛容さを少しは見習うべきだろう。


今年4月26日の地方各紙には、憲法問題での共同通信の世論調査がいっせいに掲載された。どの地方紙でも改憲案は支持されていないことが強調されており、例えば「京都新聞」では、「自民改憲4項目否定多数」「安倍政権下反対6割」「国民理解得られず」との見出しが踊っていた。

ところが、焦点である9条に限って言うと、賛成44%と反対46%であり、リードにもこの項目だけは「拮抗した」と、見出しからは想像できないことが書いてある。しかも、この設問は、「憲法9条を改正する必要があると思いますか」と改正一般への賛否を聞くもので、焦点となっている加憲案のことではない。

さらに詳しく見ると、加憲への賛否も問われている。「安倍首相はこの規定を維持しつつ、9条に自衛隊の存在を書き加えることを提案しています。あなたはどう思いますか?」という問いだ。どういう結果か。

9条の第2項を維持して、自衛隊の存在を明記する（40％）
9条の第2項を削除した上で、自衛隊の目的、性格を明確にする（28％）
9条に自衛隊を明記する必要はない（29％）
無回答（3％）

そうなのだ。実際の焦点である「加憲」について問われると、反対するのは46％から29％へと激減するのである。加憲案支持とさらに踏み込んだ改憲支持の合計は68％となる。29％対68％であるから、ダブルスコアーどころの騒ぎではない。

加憲案は国民の支持を得やすい。なぜなら国民が支持する憲法の平和主義と、これも国民が支持する自衛隊と、その二つを両立させる案に見えるからである。そういう評価の難しいものを前にして、対抗する側がモノトーンであってはならない。豊かな対抗軸を示さなければならない。

冒頭の「明日への選択」の話に戻る。その3月号に、私の『改憲的護憲論』（集英社新書）への批判が載っている。「『現実主義を装った護憲論』に騙されるな」というタイトルである。この論評の趣旨は以下の文章に尽きているように思う。

「後ほど明らかにするように、『改憲的護憲論』の正体は、自衛隊を圧倒的に支持する国民世論を踏まえた新種の護憲論であり、そこには国の安全を危うくする毒も含まれている。この新たな護憲論が、旧来の護憲派は中間派国民にどう受け止められ、世論にどんな影響を与えるかは現段階では分からないが、空想的平和主義に安住する旧来の護憲派よりもいささな厄介な相手にも見える」

ありがたい評価である。中身まで論じる紙幅の余裕はないが、自衛隊を否定的に捉える旧来の護憲論よりも、私の議論のほうを「厄介」と捉えていることは、加憲論の突きどころの一つがここにあることを、改憲派も感じていることを示していると思う。やはり豊かな対抗軸が求められるのである。

文民統制の機能不全

伊藤 真

改憲とは、憲法の文字を変えることである。自民党の改憲案は、自衛隊を憲法に明記するとともに、その指揮監督者に内閣総理大臣をあて、かつその行動を国会承認その他の統制に服させることにより、文民統制を行おうというものである。他方で、立憲主義を実現するには、自衛隊を憲法に明記したうえで、その任務を個別的自衛権の行使のみに限定すべきだとの主張もある。

しかし、憲法の文字を変えることに過剰な期待をしてはならない。文字を変えたくらいで文民統制や立憲主義が機能するわけではないからである。

立憲主義については、対談でも述べたように、憲法の文字を変えることによってではなく、国会が行政を監督し、裁判所が政治部門を司法的に統制し、メディアが国家権力の行使を批判的に報じ、市民・国民が情報や意見を交換しながら権力を監視するガバナンスの総体によって機能するものである。

文民統制については、根本的な疑問がいくつも思い浮かぶ。

第一に、一般論として、今日の複雑化した軍事に関する専門知識、情報について、質量ともに政治家が軍人と互角に渡り合うことは困難だということである。政治家の背後には軍需産業からの圧力もある。その結果、文民が軍事力をコントロールできなくなっていることは、対談中でアメリカの例を引いて紹介した。これは多くの国で見られる現象である。

第二は、日本の国会審議の有り様である。秘密保護法が施行されて以降、行政文書が簡単には開示されなくなった。行政文書の中でもとりわけ軍事情報はその多くが機密と扱われうる。他方で、公文書管理法により、短時間で行政文書が廃棄される運用がなされている。財務官僚による文書改ざんすらコントロールできない政府が、戦争や軍隊を統制できるとは思えない。だから国会が最後の砦になるはずなのに、このように情報が明かされないままで、軍事力を統制することは極めて困難である。

第三は、軍事力を扱う組織の問題である。イラク、南スーダンの日報隠蔽問題は自衛隊の根深い隠蔽体質があらためて浮き彫りになった。現場の自衛官は、組織のため、また後の活動のために日々の活動を文書に残している。その文書は、文民統制に欠かせない。ところが、それを組織の上層部が握りつぶし、改ざんする危うさが残っている。文書の隠蔽・改ざんは第二次世界大戦で日本が敗戦した大きな原因の一つであり、それが今日でも改められていない。

防衛省統合幕僚監部に勤務する3等空佐が、民進党の小西議員に「国民の敵」と罵倒する事件が4月に起きた。3佐は戦前で言えば将校の少佐に相当する。いわば、大本営の幹部が、自衛官を名乗り、国会議員の言動が国益を損ねると表明したのである。これは文民統制の拒否宣言といえる。自衛隊の任務は国会が決めるのであり、自衛官が勝手に国益を判断して行動することを許してはならない。

以上に加え、自民党の改憲案における文民統制には、次の疑問も指摘できる。

まず、内閣総理大臣を自衛隊の最高の指揮監督者にあてていることである。軍事力を適切に指揮監督するには一定の資質が求められる。民主主義、平和主義、立憲主義、それを含めて憲法を十分理解し、かつ通商、外交などを総合的に勘案し、幅広い視野から理性的で合理的に判断できる資質である。そうでなければ、軍隊が冒しがちな勇み足を正すことはできない。逆に、思考力に乏しい視野狭窄な好戦家が指揮監督者となったりすると、統制システムは崩壊する。

つぎに問題なのは、内閣総理大臣を指揮監督者に据えることにより、野党に対し、軍事機密を知らせず、むしろ自分の監督への信頼を強要し、その結果、国会でまともな議論が行われない事態を招くおそれがあることである。「私が文民としてしっかりと自衛隊を統制していますから安心してください」といって野党からの追及をかわす口実に利用されかねないとしたら本末転倒である。野党による批判・監視が効かなければ、国会による文民統制の効果は半減する。

このように、憲法の文字を変えたり加えたりしても、問題点が氷解するわけではないし、それどころか別の問題が多発するおそれが高いように思われるのである。

さて、この対談を読むと、「安倍加憲への対抗軸」という割には、討論者それぞれの主張が異なっており、4者4様でまとまりがないと感じる人もいるかもしれない。

しかしそれは、全体から見ればほんの僅かの部分である。立憲主義に基づいて軍事力をコントロールすべきこと、安倍加憲ではそれができなくなること、よって安倍加憲には反対であるという基本的部分で4人は一致している。この点における結束は極めて固い。意見の違いはその先にあるバリエーションの違いにすぎないのである。

護憲派はポピュリズムから脱せよ

伊勢崎　賢治

安倍加憲とは、「9条もスキ、自衛隊もスキ」のポピュリズムをそのまま憲法にする迎合、談合〝壊〟憲である。ポピュリズムで戦後70年続いた改憲のタブーを撃ち壊す、そして、英語にすると全てが簡単に露呈する、憲法の法理の完全破壊なのだ。

しかし、「9条もスキ、自衛隊もスキ」は、自衛隊の存在も個別的自衛権も違憲と正当に言い切る伊藤真さんのような一部の有識者を除く、今日の「護憲」の姿である。そうなのだ。安倍加憲は、護憲派に鏡に映るみずからの姿を見せているのである。結果、「安倍の悪魔化」にしか安倍加憲反対の発露を見出せない。護憲派は深く自省するべきだ。

安倍加憲のポピュリズムに対抗するには、護憲派自身が同じポピュリズムから脱することが必要である。「隊」を「軍」にしたい自民党・保守勢力と、「軍」を「隊」のままにしたい野党・護憲リベラル勢力が争っているのは、ベクトルが反対なだけで、全く同レベルの言葉遊びに過ぎない。固定票田への配慮のポジショントークは、双方が同時に、もう止めるべきではないか。

「軍」の過失を審理し統制する法体系を国家が持たないことは、国際人道法の観点からは、単純に「非人道的」なのである。そういう法体系は、「軍」を自覚しない限り、生まれないから、国際法が「軍」としてみなす自衛隊を「軍」と自覚しない「護憲」は、きっぱり「非人道的」なのである。

近い将来に「軍」を〝段階的解消〟するからという理由は通らない。国際法が、〝段階的解消〟に、国際法上の義務に執行猶予を与えたら、誰でも、責任逃れのために、それを宣言してしまう。国際法そのものの基盤が崩壊する。単純に、ありえない。

自覚のない「軍」を外地に出し、異国と地位協定を結び、「軍事過失」の裁判権を放棄させている。軍事過失どころか一般過失さえ裁く法体系がないのに。「護憲」が構造的に持つ「非人道性」は、弱い立場の異国に襲いかかるまでになった。

護憲派の方々、ここはもう諦めてほしい。敗北ではないのである。逆なのだ。護憲派として、「護憲」の「非人道性」をどう排除するか、この一点から「護憲」を蘇らせよう。9条2項の全面改良である。

それは、国際法がその段階的解消による免責を許さない自衛隊という「軍」に、国家の命で行使する自衛権のための「交戦」において、当然のこととして想定すべき軍事過失、誤射／誤爆に伴う国際人道法違反（＝戦争犯罪）を審理する法体系と法廷を持たせる。それだけである。

これは、9条2項だけでなく、特別裁判所の設置を禁じる76条の問題でもある。もしかしたら、76条改訂がなくても、軍刑法はあるが軍事裁判所のないドイツの例のように、他の関連国内法の改訂だけで済む道が見いだせるかもしれない。

大切なのは、9条ができた時からは劇的に変化している「戦争」をしっかり見据え、9条の非戦の「精神」に則って、護憲派の手で9条2項を進化させることである。

具体的な話をしよう。9条2項の進化に当たっては以下が基本である。

1　実体としての『軍』を国際人道法に則った国内の法理で厳格に統制する。
2　アメリカとの集団的自衛権はもっての他である。だが、この本質は日米地位協定にある。アメリカの開戦にノーと言える主権は、現在、米軍を体内に置く同盟国の「世界水準」であるから、日米地位協定の「正常化」と朝鮮国連軍地位協定の廃止は憲法改正より簡単な筈だ。
3　国際法上、個別的自衛権こそが最も危険なものであるとしっかり認識し、日本の個別的自衛権に国際法より更に厳格な縛りをかける。国際法は国家の実力組織の「規模」つまり「必要最小限」を認識しないので、縛りは「地理的」な制限しかない。
4　国連PKOを中心とする集団安全保障に自衛隊を部隊、つまり「軍」として派遣する必要はない。非武装が原則の軍事監視団としての自衛隊派遣、文民警察の派遣を誰よりもしっかりやる、ということをお家芸にすればいいだけだ。
5　全てに先立って、「人道的観点」から、ジブチの自衛隊を完全撤退させなければならない。「事故」は今この瞬間に起きるのだ。

以上、9条1項の保持で日本国の変わらない非戦の精神を不動のものとし、新しい9条2項としてこれを提示する。

【日本の領海領空領土内に限定した迎撃力（interception forces）を持つ。その行使は国際人道法に則った特別法で厳格に統制される。】

著者プロフィール（50音順）

伊勢﨑賢治　東京外国語大学教授。国連ＰＫＯ武装解除部長などを歴任。著書に『新国防論　９条もアメリカも日本を守れない』など。

伊藤真　伊藤塾塾長・弁護士・法学館法律事務所所長・法学館憲法研究所所長、日弁連憲法問題対策本部副本部長、九条の会世話人。

松竹伸幸　編集者･ジャーナリスト、「自衛隊を活かす会」事務局長、日本平和学会会員、著書に『改憲的護憲論』など。

山尾志桜里　初代アニー。東大法学部卒、検察官を経て、衆議院議員。衆議院憲法審査会委員。立憲民主党憲法調査会事務局長。

９条「加憲」案への対抗軸を探る

2018年6月25日　第1刷発行

ⓒ著者　伊勢﨑賢治、伊藤真、松竹伸幸、山尾志桜里
発行者　竹村正治
発行所　株式会社　かもがわ出版
〒602-8119　京都市上京区堀川通出水西入
TEL 075-432-2868 FAX 075-432-2869
振替　01010-5-12436
ホームページ　http://www.kamogawa.co.jp
印刷所　シナノ書籍印刷株式会社

ISBN978-4-7803-0968-3　C0036